Invitation au français

Invitation au français

기초 프랑스어

성균관대학교 프랑스어문학과

Sungkyunkwan University Press

차례

서문 6

예비편(Leçon préliminaire) 8

Leçon 1 La rentrée 11

Leçon 2 Dans le métro 15

Leçon 3 Les achats 21

Leçon 4 Au Café 25

Leçon 5 À l'hôtel 31

더 읽어보기 프랑스의 바캉스 36

Leçon 6 Au cinéma 37

Leçon 7 Dans un magasin de vêtements 43

Leçon 8 Visite d'un appartement 49

Leçon 9 À la Poste 56

더 읽어보기 우체부들의 늘어난 서비스 62

Leçon 10 Chez le médecin 63

Leçon 11 La météo 69

Leçon 12 À l'aéroport 75

Leçon 13 Sport et loisirs 81

더 읽어보기 투르 드 프랑스의 '마이요' 86

Leçon 14 Le Temps des Cathédrales 87

더 읽어보기 고딕양식의 꽃, 노트르담 성당 94

Leçon 15 L'apéritif 95

더 읽어보기 이웃축제 101

Leçon 16 Sites touristiques 102

Leçon 17 Appel de l'abbé Pierre Hiver 54 107

Leçon 18 Fêtes 113

더 읽어보기 크리스마스 음식 119

Leçon 19 À la banque 120

Leçon 20 Histoire de France 127

Leçon 21 L'éducation en France : publique et laïque 135

더 읽어보기 바칼로레아 142

Leçon 22 Nicolas et Louisette 143

더 읽어보기 프랑스의 만화 150

Leçon 23 Écologie 152

동사변화표-1 158

동사변화표-2 160

서문

이 책은 처음으로 프랑스어를 배우는 사람을 대상으로 쓰였다. 따라서 프랑스어 알파벳과 구두점, 발음 같은 가장 기본적인 내용에서 시작해 프랑스어에 대한 지식이 전혀 없는 누구라도 쉽게 프랑스어를 접하고 흥미를 느낄 수 있도록 구성하였다. 그러나 서서히 문법과 어휘의 난이도를 단계적으로 높여 가장 마지막 과인 23과까지 학습한 사람은 프랑스어를 어느 정도 읽고, 말하는 데 지장이 없을 정도의 프랑스어 능력을 갖추게 되도록 했다. 이는 유럽 공용 외국어 등급(cadre européen commun de référence) 기준에 따르면 Delf A2~B1 정도의 수준에 해당한다.

이 책의 장점은 무엇보다도 균형 있는 언어 학습을 위해 필요한 모든 요소, 즉 발음, 문법, 어휘, 독해, 회화를 전부 담고 있다는 점이다. 사용의 편의상 책의 첫 부분에 배치된 일종의 입문편은 프랑스어의 알파벳과 구두점, 발음기호를 소개하고 있고, 본문은 모두 23개의 과로 구성되어 있다. 각 과는 텍스트, 문법, 어휘표현, 연습문제, (문화소개)로 구성되어 있다. 이 중에서도 텍스트는 현재 프랑스 사회의 다양한 현실을 잘 보여줄 수 있는 내용으로 구성했는데, 이는 문화에 대한 이해 없이는 언어의 완전한 학습이 이루어지기 어렵다는 점을 고려하면 프랑스어 학습에 큰 도움이 될 것으로 생각된다. 더욱이 이 텍스트들은 문법 설명 및 어휘표현과 함께 대부분 현재 프랑스에서 일반적으로 사용되고 있는 구어체 어휘와 표현들을 적극 반영하고 있어 프랑스어 회화 능력의 획기적인 향상에 도움을 줄 것이다. 각 과의 마지막 부분에 놓인 연습문제는 해당 과에서 학습한 문법과 어휘에 대한 이해를 확인할 수 있게 하는 역할을 한다.

이 책은 프랑스어 학습에 필요한 모든 핵심적 요소들을 담고 있으므로 혼자서도 충분히 학습할 수 있으나 초급 단계의 프랑스어 강의 교재로 사용할 때 더 큰 효과를 볼 수 있을 것이다. 특히 대학에서 강의 교재로 사용할 때는 전체 23과를 두 부분으로 나누어 두 학기, 즉 1년 과정에 적절한 내용과 분량을 담았다.

저자 일동

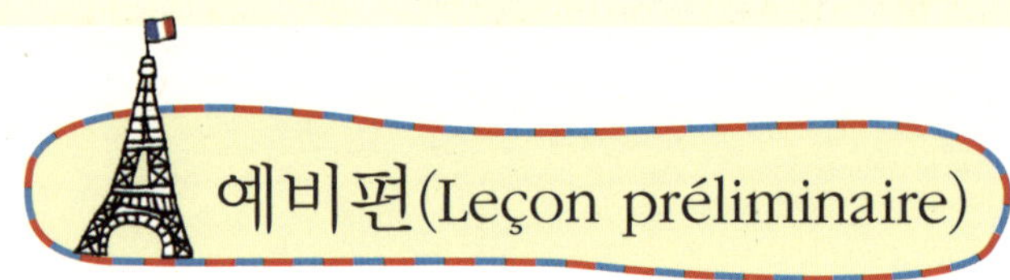

예비편(Leçon préliminaire)

1. 프랑스어의 발음(sons du français)

1. 프랑스어의 알파벳(alphabet du français)

A	a	[a]		N	n	[ɛn]	
B	b	[be]		O	o	[o]	
C	c	[se]		P	p	[pe]	
D	d	[de]		Q	q	[ky]	
E	e	[ə,e]		R	r	[ɛ:R]	
F	f	[ɛf]		S	s	[ɛs]	
G	g	[ʒe]		T	t	[te]	
H	h	[aʃ]		U	u	[y]	
I	i	[i]		V	v	[ve]	
J	j	[ʒi]		W	w	[dubləve]	
K	k	[ka]		X	x	[iks]	
L	l	[ɛl]		Y	y	[igrɛk]	
M	m	[ɛm]		Z	z	[zɛd]	

2. 프랑스어의 모음과 자음(voyelles et les consonnes du français)

⇨ 모음(voyelles)

[i]	six	[sis]
[e]	bébé	[bebe]
[ɛ]	père	[pɛ:R]
[a]	table	[tabl]
[u]	tout	[tu]
[o]	mot	[mo]
[ɔ]	or	[ɔ:R]
[ɑ]	âge	[ɑ:ʒ]
[y]	tu	[ty]
[ø]	deux	[dø]
[œ]	heure	[œ:R]
[ɛ̃]	pain	[pɛ̃]
[œ̃]	lundi	[lœ̃di]
[ɔ̃]	bon	{bɔ̃]
[ã]	lampe	[lãp]

[j]	pied	[pje]
[ɥ]	huit	[ɥit]
[w]	oui	[wi]

⇨ 자음(consonnes)

[p]	papa	[papa]
[b]	bière	[bjɛːʀ]
[t]	temps	[tã]
[d]	dans	[dã]
[k]	car	[caːʀ]
[g]	gare	[gaːʀ]
[f]	fou	[fu]
[v]	vous	[vu]
[s]	son	[sɔ̃]
[z]	maison	[mɛzɔ̃]
[ʃ]	chant	[ʃã]
[ʒ]	jardin	[ʒaʀdɛ̃]
[l]	long	[lɔ̃]
[ʀ]	rond	[ʀɔ̃]
[m]	me	[mə]
[n]	non	[nɔ̃]
[ɲ]	cognac	[kɔɲak]

3. 철자부호(signes orthographiques)

[´]	accent aigu	été
[`]	accent grave	où
[^]	accent circonflexe	être
[ç]	cédille	leçon
[¨]	tréma	Noël
[']	apostrophe	l'ami
[-]	trait d'union	est-ce que

2. 구두점(signes de ponctuation)

[.]	point		[!]	point d'exclamation
[,]	virgule		[...]	points de suspension
[;]	point virgule		[-]	tiret
[:]	deux points		[( )]	parenthèses

[?] point d'interrogation   [« »] guillemets

3. 연음(liaison)과 모음생략(élision)

1. 연음(liaison)

des étudiants
ils ont
un petit hôtel
dans une salle
de plus en plus
très intéressant
quand est-ce qu'on arrive ?

⇨ liaison해서는 안 되는 경우

un restaurant / italien
Les enfants / arrivent.
en / haut
vraiment / intéressant
les / huit/onze / personnes
un garçon et / une fille

2. 모음생략(élision)

Ce est... → C'est...
le hôtel → l'hôtel
Que est-ce que il fait ? → Qu'est-ce qu'il fait ?

⇨ élision해서는 안 되는 경우

le / yacht
le / haricot
Ai—je / aimé ?
Finis—le / en deux minutes !
Je crois que / oui.

La rentrée

À l'université Paris 3

Daniel : Bonjour, Emma !

Emma : Salut, Daniel ! Ça va ?

Daniel : Oui, ça va ! Et toi ?

Emma : Très bien ! Daniel, c'est Isabelle.

Daniel : Salut, Isabelle.

Isabelle : Enchantée !

Daniel : Isabelle... Isabelle Bonhomme, Collège Fontanier, à Lyon...

Isabelle : Oui...

Daniel : Je suis Daniel Martin.

Isabelle : Ah bon ? Daniel Martin ? Ça alors !

Daniel : Tu es étudiante à Paris 3 ?

Isabelle : Non, je suis étudiante à Paris 1.

Daniel : Moi, je suis étudiant à Paris 3. Et tu habites à Paris ?

Isabelle : Oui, j'habite à Bastille, et toi ?

Daniel : Moi, j'habite à la cité U.

Isabelle : Alors, à bientôt !

Daniel : Au revoir !

1. 동사의 현재변화형

être	
je **suis**	nous **sommes**
tu **es**	vous **êtes**
il **est**	ils **sont**

Elle **est** étudiante.
Il **est** très intelligent.
C'**est** un livre.

⇨ 1군규칙동사변화(–er 형) : 어간 + –e, –es, –e, ons, –ez, –ent

habiter	
j'habit**e**	nous habit**ons**
tu habit**es**	vous habit**ez**
il habit**e**	ils habit**ent**

aimer	
j'aim**e**	nous aim**ons**
tu aim**es**	vous aim**ez**
il aim**e**	ils aim**ent**

Ils **habitent** en Corée.
Nous **habitons** à Paris.
Tu **aimes** Julien Courbet ?
Ils **aiment** la musique.

2. 주어인칭대명사

	단수	복수
1인칭	je	nous
2인칭	tu	vous
3인칭	il/elle	ils/elles

Check!
je는 a, e, i, o, u, y, 무음 h
앞에서는 j'으로 축약된다.

Je suis Daniel.
Je suis étudiante à Paris 3.
J'habite à Séoul.
Il est journaliste.

Nous sommes étudiants.

Et toi, **tu** habites à New York ? Non, moi, j'habite à Londres.

3. 명사의 남성형–여성형

étudiant → étudiante

ami → amie

journaliste → journaliste

musicien → musicienne

chanteur → chanteuse

4. c'est 구문

C'est Françoise.

C'est un livre.

C'est moi !

C'est formidable.

Mots et expressions

인사	Bonjour !	작별	Salut !
	Bonsoir, monsieur !		Au revoir !
	Enchanté(e).		À bientôt !
	Salut, Daniel.		À demain !
	Ça va.		Bonne journée !
	Ça va (bien) ?		Bonne nuit !
	Ça va (bien), merci.		
	Comment ça va ?		
	Je vais bien, merci. Et vous ?		

Exercices

1. 다음 단어들을 프랑스어 문장 순서대로 배열하여 쓰시오.

    1. suis / Françoise / je _______________________________

    2. tu / à / Paris / habites _______________________________

    3. ce / Brigitte / est _______________________________

    4. es / tu / à / l'université Paris 3 / étudiant _______________________

2. 알맞은 주어인칭대명사를 쓰시오.

    1. Marie a 10 ans, _______ est française et _________ habite à Strasbourg.

    2. _______ êtes étudiant ? - Oui, _______ suis étudiant.

    3. _______ sont étudiants ? - Non, _______ sont professeurs.

    4. _______ habites ici ?

3. être나 habiter 중 하나를 골라 현재형으로 쓰시오.

    1. Tu _________ à Daegu.

    2. Nous _____________ musiciennes.

    3. Ils ___________ en France.

    4. Vous ___________ journaliste ?

4. 프랑스어로 옮기시오.

    1. 안녕, 이자벨(Isabelle) ! 잘 지내 ?

    ____

    2. 저는 클라라 뒤발(Clara Duval)입니다.

    ____

    3. 파트릭(Patrick)은 대학생입니다.

    ____

Dans le métro

Devant la station de métro Odéon

Daniel : Salut, Isabelle !

Isabelle : Salut, Daniel !

Daniel : Qu'est-ce qu'on fait aujourd'hui ?

Isabelle : Il y a l'exposition Claude Monet au Grand Palais.

Daniel : Ah oui ! J'aime bien la peinture impressionniste.

Isabelle : Alors, on y va en métro ?

Daniel : D'accord. C'est une très bonne idée !

Devant le guichet de métro

Isabelle (à l'agent de guichet) : Bonjour, je voudrais un carnet, s'il vous plaît.

L'agent de guichet : Vous allez là-bas au distributeur automatique.

Isabelle : Merci.

L'agent de guichet : De rien.

Daniel : Tu as une Carte Navigo ?

Isabelle : Non, pas encore.

Daniel : C'est très utile !

Isabelle : On prend quelle ligne ?

Daniel : D'abord, on prend la ligne 10, direction Boulogne Pont de Saint-Cloud, on change à Duroc et on prend la direction Saint-Denis-Université.

Isabelle : On descend où ?

Daniel : On descend à Invalides. Après, on traverse le Pont Alexandre III pour arriver au Grand Palais.

1. 동사의 현재변화형

avoir	
j'**ai**	nous **avons**
tu **as**	vous **avez**
il **a**	ils **ont**

aller	
je **vais**	nous **allons**
tu **vas**	vous **allez**
il **va**	ils **vont**

manger	
je mang**e**	nous mang**eons**
tu mang**es**	vous mang**ez**
il mang**e**	ils mang**ent**

commencer	
je commenc**e**	nous commen**çons**
tu commenc**es**	vous commenc**ez**
il commenc**e**	ils commenc**ent**

Nous **avons** une maison.

J'**ai** chaud / froid / faim / soif / peur.

Je **vais** à l'école.

Comment ça **va** ?

Je **vais** bien, merci.

On **mange** des croissants au petit-déjeuner.

Le film **commence** bientôt.

2. 부정관사(article indéfini)

	남성	여성
단수	un	une
복수	des	

C'est **un** ami.

C'est **une** amie.

Ce sont **des** amis.

Ce sont **des** amies.

3. 정관사(article défini)

	남성	여성
단수	le	l'	la
복수	les	

C'est **la** mère de Françoise.
C'est **la** peinture de Van Gogh.
C'est **l'**ordinateur de Vincent.
Ce sont **les** chaises de Stéphane.
J'aime **le** football.

Check!

 Il y a un sac. C'est le sac de Jacques.

4. 형용사의 남성형, 여성형, 단수형, 복수형

⇨ **남성형 형용사 + e = 여성형 형용사**   ⇨ **단수 형용사 + s = 복수 형용사**

grand(남성단수) → grande(여성단수), grands(남성복수), grandes(여성복수)
français → française, français, françaises
chinois → chinoise, chinois, chinoises

⇨ **불규칙적으로 변화하는 경우**

solide → solide, solides, solides
bas → basse, bas, basses
coréen → coréenne, coréens, coréennes
bon → bonne, bons, bonnes
cher → chère, chers, chères

⇨ **형용사는 수식하는 명사에 성과 수를 일치시켜야 한다.**

Il est grand. / Elle est grande.
Ils sont grands. / Elles sont grandes.
un petit chat
les grandes voitures

5. 부정문(1) : ne + 동사 + pas

Je suis étudiant. → Je ne suis pas étudiant.
C'est loin. → Ce n'est pas loin.

6. 의문문

Tu as une Carte Navigo ?

Est-ce que tu as une Carte Navigo ?

As-tu une Carte Navigo ?

7. il y a 구문

Il y a un livre sur la table.
Il y a trois étudiantes dans la salle de classe.
Il y a l'exposition Claude Monet au Grand Palais.

Mots et expressions

숫자(1) : 0~10

zéro(0), un(1), deux(2), trois(3),
quatre(4), cinq(5), six(6), sept(7),
huit(8), neuf(9), dix(10)

감사, 사과

Merci. - De rien.
Excusez-moi. - Ce n'est pas grave.
Je suis désolé(e). - Je vous en prie.

교통기관

en métro   en voiture   en autobus   en avion
en bateau   à pied

<u>Exercices</u>

1. 알맞은 부정관사를 써넣으시오.

    1. Elle entre dans _______ maison.

    2. Aujourd'hui on dîne dans _______ restaurant.

    3. Isabelle mange _______ gâteaux.

    4. Patrick achète _______ livres.

2. 알맞은 정관사를 써넣으시오.

    1. J'aime _______ chiens.

    2. C'est _______ maison de Patrick.

    3. Elles aiment _______ champignons et _______ sauce tomate.

    4. _______ téléphone est sur _______ table.

3. 부정문과 도치형 의문문으로 각각 바꾸시오.

    1. Tu es français.

부정문 ____

도치형 ____

    2. Nous allons à Paris.

부정문 ____

도치형 ____

    3. Vous parlez le français.

부정문 ____

도치형 ____

4. 〈보기〉와 같이 부정으로 답하시오.

1. Est-ce que vous êtes étudiant ? (professeur)

→ ____

2. Est-ce que c'est un cahier ? (livre)

→ ____

3. Est-ce que tu vas à Paris ? (Lyon)

→ ____

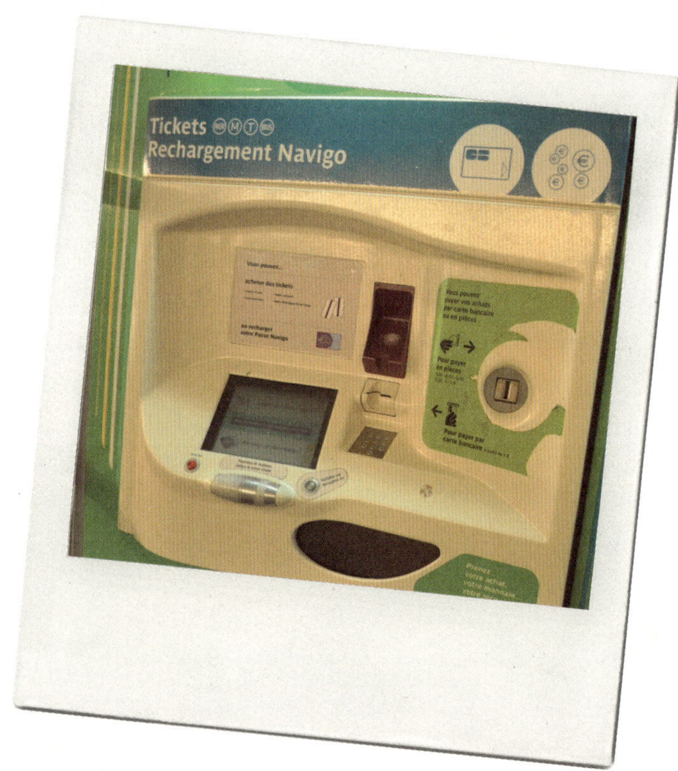

Les achats

À la boucherie...

Le boucher : Bonjour madame, vous désirez ?

Isabelle : Bonjour, je voudrais du bifteck, s'il vous plaît.

Le boucher : On n'a plus de bifteck, madame.

Isabelle : Il n'y a pas de bifteck, Ben... vous avez des côtes de porc ?

Le boucher : Oui, combien ?

Isabelle : 1 kilo, s'il vous plaît.

Le boucher : Très bien ! Et avec ça ?

Isabelle : Vous avez du poulet rôti ?

Le boucher : Bien sûr. Autre chose ?

Isabelle : C'est tout. Merci. Ça fait combien ?

Le boucher : Ça fait 30 euros.

Isabelle : Tenez !

Le boucher : Merci, madame. Bonne soirée !

Isabelle : Merci. Au revoir !

À la boulangerie...

La boulangère : Bonsoir madame, qu'est-ce que vous désirez ?

Isabelle : Bonsoir, je voudrais acheter une demi-baguette, s'il vous plaît.

La boulangère : Voilà une demi-baguette.

Isabelle Je voudrais aussi deux croissants, un pain au chocolat pour demain matin, et deux tartes aux abricots.

La boulangère : Je suis désolée, il y a des croissants, des pains au chocolat, mais je n'ai plus de tartes aux abricots. J'ai seulement des tartes aux pommes, et des tartes aux poires...

Isabelle : Bon, je prends deux tartes aux poires.

Grammaire

1. 동사의 현재변화형

acheter	
j'ach**è**te	nous achet**ons**
tu ach**è**tes	vous achet**ez**
il ach**è**te	ils ach**è**tent

vouloir	
je **veux**	nous voul**ons**
tu **veux**	vous voul**ez**
il **veut**	ils **veulent**

prendre	
je prend**s**	nous pren**ons**
tu prend**s**	vous pren**ez**
il **prend**	ils **prennent**

Il **achète** une bicyclette.

Vous **voulez** une tasse de café ?

Ils **veulent** voir une pièce de théâtre québécoise.

Elle **prend** un bus pour aller à l'école.

Nous **prenons** du thé vert.

2. 부분관사(article partitif)

	남성		여성
단수	du	de l'	de la
복수	des		

Elle achète **du** poulet.

Tu veux **du** café ou **du** thé ?

Il y a **des** épinards.

Paul a **du** courage.

Pour réussir, il faut **de la** patience.

3. Voici / Voilà 구문

Voici un livre. Voilà un cahier.
Voici la place de la Sorbonne.
Voilà une demi-baguette.
Voilà François.

4. 부정의 de

Il y a des pommes aujourd'hui. → Il n'y a pas de pommes aujourd'hui.
On a du porc. → On n'a pas de porc.
J'ai une voiture. → Je n'ai pas de voiture.

C'est un pain au chocolat. → Ce n'est pas un pain au chocolat.
J'ai le livre de Paul. → Je n'ai pas le livre de Paul.

5. 부정문(2) : ne ... plus

J'ai du poulet rôti. → Je n'ai plus de poulet rôti.
Ils ont un chien. → Ils n'ont plus de chien.
Tu aimes le tennis. → Tu n'aimes plus le tennis.

Mots et expressions

숫자(2) : 11~69

onze(11), douze(12), treize(13), quatorze(14), quinze(15), seize(16), dix-sept(17),
dix-huit(18), dix-neuf(19)
vingt(20), vingt et un(21), vingt-deux(22), vingt-trois(23)...
trente(30), trente et un(31), trente-deux(32), trente-trois(33)...
quarante(40), quarante et un(41), quarante-deux(42), quarante-trois(43)...
cinquante(50), cinquante et un(51), cinquante-deux(52), cinquante-trois(53)...
soixante(60), soixante et un(61), soixante-deux(62), soixante-trois(63)...

Exercices

1. 알맞은 부분관사를 써넣으시오.

    1. Il y a _______ salade de tomates ou _______ saucisson.

    2. _______ l'eau et _______ vin, s'il vous plaît.

    3. Je voudrais _______ fromage, s'il vous plaît.

    4. Elle a _______ patience et _______ courage.

2. 질문에 부정으로 답하시오.

    1. Vous voulez une baguette ? _______________________________

    2. Paul a de la patience ? _______________________________

    3. Est-ce qu'il y a des fruits ? _______________________________

    4. Tu aimes le thé ? _______________________________

3. 주어진 동사의 현재형을 쓰시오.

    1. Tu ___________ du thé ? (vouloir)

    2. Est-ce qu'ils ___________ des pains au chocolat ? (acheter)

    3. Vous ___________ une tarte aux poires. (prendre)

    4. Elle ___________ au cinéma. (aller)

Au Café

Devant le café de Flore

Isabelle : Ce café est très beau ! On déjeune ici ?

Emma : D'abord, on regarde la carte.

Isabelle : Il y a un menu à 35 euros, un menu à 42 euros... C'est vraiment cher, ici.

Emma : Oui, c'est un café très connu dans le monde entier.

Isabelle : Bah, nous déjeunons où, alors ? Tu as une idée ?

Emma : Dans une crêperie à Montparnasse ou chez Paul ?

Isabelle : Je n'aime pas les crêpes. On va chez Paul.

Elles arrivent chez Paul

Le serveur : Bonjour, tenez, voilà la carte !

Isabelle : Il y a le menu «boulanger» à 10,50 euros, le menu «feuilleté» à 11 euros, le menu «délices» à 13,50 euros, et enfin le menu «salade» à 12 euros.

Emma : Qu'est-ce qu'il y a dans le menu boulanger ?

Isabelle : Il y a un croque-monsieur avec tomates mozzarella, et une boisson.

Le serveur : Alors, qu'est-ce que vous prenez ?

Emma : Moi, je prends le menu boulanger avec un coca.

Le serveur : D'accord, et vous ?

Isabelle : Je voudrais le menu salade avec une salade fermière, et un Perrier.

Le serveur : On n'a pas de Perrier. Comme eau gazeuse, on a de la Badoit. Sinon prenez une eau plate.

Isabelle : Non, je prends un jus d'orange.

Le serveur : Vous prenez un dessert ?

Isabelle : Oui, je voudrais une tarte au chocolat avec un café, s'il vous plaît.

Emma : Moi, je prends seulement un café allongé.

Le serveur : Avec votre café, on vous offre un petit macaron parce que c'est le
100ème anniversaire de Paul.

Emma : Ah, on a de la chance !

1. 동사의 현재변화형

> **2군동사규칙변화형(–ir형) : 어근 + –is, –is, –it, –issons, –issez, –issent**

choisir	
je chois**is**	nous chois**issons**
tu chois**is**	vous chois**issez**
il chois**it**	ils chois**issent**

Je **choisis** ce pantalon.

Vous **choisissez** un cadeau d'anniversaire.

Nous **finissons** le travail. (finir)

Check!

 2군동사에는 finir, choisir, réussir 등이 있으며 모든 –ir 형 동사가 2군동사는 아니다.

> **동사 offrir**

j'offr**e**	nous offr**ons**
tu offr**es**	vous offr**ez**
il offr**e**	ils offr**ent**

Vous **offrez** un bouquet de fleurs.

On vous **offre** un petit macaron.

2. 주어인칭대명사 On

> **형태상으로는 3인칭 단수로 취급되나 의미상으로는 다양한 인칭을 표현할 수 있다.**

On y va ! (→ 우리)

Luc et moi, on est frères. (→ 우리)

On frappe à la porte. (→ 누군가)

A Paris, on passe beaucoup de temps dans le métro. (→ 일반적인 사람들)

3. 명령문(1)

⇨ **명령문은 일반적으로는 주어만 삭제하면 된다.**

Vous dansez → Dansez !

Tu fais un bon voyage → Fais un bon voyage !

Vous prenez le train → Prenez le train !

Nous allons au cinéma → Allons au cinéma !

⇨ **단, 1군동사와 aller동사의 2인칭 단수형(tu형)을 명령문으로 바꿀 때는 '–s'를 생략한다.**

Tu chantes → Chante !

Tu vas à l'école → Va à l'école !

4. 정관사 축약형

⇨ à + le → au, à + les → aux

⇨ de + le → du, de + les → des

On va **au** restaurant chinois.

Tu prends une tarte **au** chocolat.

Il vient **du** cinéma.

Elle donne des gâteaux **aux** enfants.

Il parle **des** livres.

Check!

 'à / de + la' 연쇄는 축약되지 않는다.

Il rentre **à la** maison.

Vous parlez **de la** bibliothèque.

Check!

 'à / de + la / le + 모음으로 시작하는 명사'의 경우는 le/la의 모음생략이 이루어진다.

L'instituteur parle **de l'**examen **à l'**élève. (... du examen au élève가 아님.)

5. ne ... que (=seulement)

On **n**'a **que** de la Badoit.
Le matin, je **ne** mange **que** du pain au chocolat.
Il **n**'y a **qu**'un arbre dans le jardin.
Je **n**'ai **que** 10 euros sur moi.

숫자(3) : 70~100

soixante-dix(70), soixante et onze(71), soixante-douze(72), ...
quatre-vingts(80), quatre-vingt-un(81), quatre-vingt-deux(82), ...
quatre-vingt-dix(90), quatre-vingt-onze(91), quatre-vingt-douze(92), ... cent(100)

Exercices

1. 주어진 동사의 현재형을 쓰시오.

    1. Nous ___________ le devoir.(finir)

    2. Ils ___________ la bonne réponse.(choisir)

    3. Vous ___________ l'avion.(prendre)

    4. Nous ___________ le cadeau d'anniversaire.(offrir)

2. 명령형으로 바꾸시오.

    1. Vous restez à la maison. ___________________________

    2. Tu vas voir le médecin. ___________________________

    3. Vous écoutez bien. ___________________________

    4. Tu choisis le dessert. ___________________________

3. on과 les gens 중 하나를 넣으시오.

    1. Marc et moi, ________ est étudiants.

    2. ________ aiment le cinéma.

    3. Quand il pleut, ________ prennent un parapluie.

    4. Au Canada, ________ parle français.

4. 알맞은 정관사의 축약형을 넣으시오.

    1. Je vais ______ cinéma avec la fille ______ voisin.

    2. Tu vas ______ gare ou ______ aéroport ?

    3. Je suis à côté ______ métro, près ______ poste.

    4. Le gâteau ______ amandes est une merveille.

À l'hôtel

Le réceptionniste : Ibis Paris Tour Eiffel, bonjour !

La cliente : Bonjour monsieur, je voudrais réserver une chambre double, s'il vous plaît.

Le réceptionniste : D'accord madame, quel type de chambre voulez-vous ? Vous voulez un lit double ou deux lits jumeaux ?

La cliente : Je voudrais un lit double, s'il vous plaît.

Le réceptionniste : Nous avons des chambres à 128 euros et 169 euros.

La cliente : Quelle est la différence entre ces chambres ?

Le réceptionniste : Les chambres à 169 euros sont plus grandes et ont une belle vue sur la Seine.

La cliente : Alors, je vais prendre une chambre à 169 euros.

Le réceptionniste : Vous préférez une chambre avec bain ou avec douche ?

La cliente : Une chambre avec bain. Est-ce que le petit-déjeuner est inclus ?

Le réceptionniste : Oui, madame, le petit-déjeuner est compris dans le prix de la chambre.

La cliente : Bon, je voudrais réserver une chambre à partir du 29 mai.

Le réceptionniste : Pour combien de nuits ?

La cliente : Pour 6 nuits.

Le réceptionniste : Entendu ! Quel est votre nom ?

La cliente : Bonhomme, B-O-N-H-O-M-M-E.

Le réceptionniste : Très bien, je vais vous envoyer un e-mail pour vous confirmer votre réservation. Vous avez une adresse e-mail ?

La cliente : Oui, c'est brigittebonhomme@gmail.com.

Le réceptionniste : D'accord, merci !

La cliente : Merci, au revoir !

Le réceptionniste : Au revoir, madame, à très bientôt !

Grammaire

1. 동사의 현재변화형

pouvoir	
je **peux(puis)**	nous pouv**ons**
tu **peux**	vous pouv**ez**
il **peut**	ils **peuvent**

faire	
je **fais**	nous **faisons**
tu **fais**	vous **faites**
il **fait**	ils **font**

Vous **pouvez** préparer un lit supplémentaire ?
Je **peux** réserver un billet d'avion pour aller à Paris.
Il ne **peut** pas faire ce travail sans aide.
Les peintres **font** des tableaux.
Nous **faisons** du piano.
Ça **fait** combien en tout ?
Il **fait** mauvais.

2. 근접미래(futur proche) : aller + inf.

Tu **vas danser** ?
Ils **vont partir** pour Nice.
Qu'est-ce que vous **allez faire** pendant les vacances ?
Je **vais jouer** au tennis.

3. 의문형용사(adjectif interrogatif) quel

	남성	여성
단수	quel	quelle
복수	quels	quelles

Quel âge as-tu ?
Quels sports font-ils ?
Il est **quelle** heure, s'il vous plaît ?

 quel은 명사 앞에 바로 놓일 경우 보통 '어떤'으로 해석된다. 그러나 être의 속사로도 사용될 수 있고 그럴 경우는 '무엇', '얼마' ..등으로 해석될 수 있다.

Quel est votre nom ?

Quel est le prix d'une chambre ?

4. 형용사(2)

le beau visage, le bel homme, la belle femme

le vieux copain, le vieil ami, la vieille amie

le nouveau dictionnaire, le nouvel ordinateur, la nouvelle maison

5. 지시형용사(adjectif démonstratif)

	남성	여성
단수	ce (cet)	cette
복수	ces	

ce garçon / ces garçons

cette fille / ces filles

ce livre / ces livres

cette cravate / ces cravates.

 cet arbre, cet homme, cet après-midi

Mots et expressions

기호 읽기

@ : arobase   # : dièse   * : astérisque

- : tiret   _ : tiret bas   ~ : tilde

Exercices

1. 주어진 동사의 현재형을 쓰시오.

    1. Vous __________ vos devoirs.(faire)

    2. Nous __________ de la musique.(faire)

    3. Il __________ voir le médecin.(vouloir)

    4. Elle __________ finir ce travail bientôt.(pouvoir)

    5. Ils __________ une chambre d'hôtel.(réserver)

2. 알맞은 의문형용사를 넣으시오.

    1. C'est dans __________ salle ?

    2. __________ vêtements voulez-vous acheter ?

    3. __________ heure est-il ?

    4. __________ est votre adresse ?

    5. __________ est votre nom ?

3. aller를 사용하여 근접미래형으로 변화시키시오.

    1. Nous chantons.

    ____

    2. Tu fais la cuisine.

    ____

    3. Vous jouez du piano.

    ____

    4. Elles partent pour la France.

    ____

    5. Le train arrive à la gare.

    ____

1. ____________ livre
2. ____________ enfants
3. ____________ femme
4. ____________ école
5. ____________ hôtel

프랑스의 바캉스

프랑스인들에게 휴식이나 휴가는 매우 중요한 개념이다. 일반적으로 프랑스인들은 주중에 규칙적으로 충분한 수면을 취하며, 주말에도 수면과 휴식이 중요한 일과이기 때문에 토요일이나 일요일에 프랑스 가정에 연락을 취하는 것은 실례가 될 정도다. 주말이 그 다음 주를 위해 휴식하는 시간이라면, 프랑스인들에게 바캉스는 1년간 묵묵히 일할 수 있는 이유가 된다고 해도 과언이 아니다. 휴가를 의미하는 '바캉스vacances'라는 프랑스어는 원래 '비어있음'을 뜻하는 단어이다. 1936년 '인민전선'이 집권을 하면서 모든 근로자들이 2주간의 법적 유급휴가를 보장받게 되면서 프랑스인들의 바캉스 문화가 시작되었다. 그 이후로 휴가 일수는 점점 길어져서, 1956년에는 3주, 1969년에는 4주, 1982년에는 5주가 되었고 지금까지 유지되고 있다.

프랑스인들에게 가장 중요한 휴가는 여름휴가로서, 7~8월이 되면 보통 2~4주 동안 대서양 연안, 지중해, 스페인 등 다양한 휴양지로 바캉스를 떠난다. 그래서 프랑스의 대도시는 그곳에 거주하던 학생, 직장인, 공무원 등 대부분의 사람들은 휴가를 떠나고, 대신 다른 도시나 다른 나라에서 온 관광객들로 채워진다. 여름동안 매년 3천만 명에 이르는 사람들이 바캉스를 즐기기 위해 떠난다고 하니, 여름휴가가 프랑스인들의 삶 속에서 얼마나 큰 비중을 차지하는지 짐작할 수 있다. 또한 법적 유급휴가의 나머지 1~2주를 사용하는 크리스마스 바캉스 역시 프랑스인에게 특별한 휴가다. 크리스마스를 전후로 휴가를 떠나는 사람들이 많은데, 이때는 우리나라의 설이나 추석처럼 멀리 떨어져 살던 가족들이 한데 모여 크리스마스 선물을 나누며 가족 간의 우대를 돈독히 한다.

파리 플라주 Paris plage

파리 플라주는 여름 휴가철에 센 강의 강변 도로를 막고 모래와 파라솔, 야자나무 등을 심어 도심 안에서 휴가 분위기를 즐길 수 있도록 한 파리시의 아이디어에서 시작되었다. 여러 가지 이유로 바캉스를 떠나지 못하는 파리지앵들과 여행객들을 위해 2002년 시범적으로 시작된 파리 플라주는 시민들과 관광객들의 폭발적인 반응으로 매년 개최되고 있다. 7월 중순부터 8월 중순까지 파리에 있는 누구나 즐길 수 있는 파리 플라주에는 한시적으로 인공 수영장이 조성되며, 비치발리볼을 즐길 수 있는 시설도 마련된다. 여유롭게 일광욕과 독서를 즐기는 사람들을 위해 각종 문화행사까지 열려, 파리지앵들과 관광객들을 위한 축제의 장으로 거듭나고 있다.

Au cinéma

Devant Gaumont-Parnasse...

Emma : Alors, qu'est-ce qu'il fait, Daniel ? Il est déjà six heures et quart. Le film commence dans dix minutes !

Isabelle : Ben, tu sais bien, il est toujours en retard. Sois patiente, il va bientôt arriver...

Emma : Alors, on rentre au cinéma et il nous rejoint à l'intérieur.

Isabelle : Non, on l'attend encore un peu.

Daniel : Salut vous deux, comment ça va ? Me voilà !

Emma : Tu es toujours en retard, Daniel. Quelle est ton excuse aujourd'hui ?

Daniel : Aujourd'hui, il y a des embouteillages.

Emma : Encore ? La prochaine fois, prends ton vélo !

Isabelle : Bon, on va acheter les billets au guichet ?

Emma : D'accord.

Isabelle : Bonjour madame, trois billets pour *Les Choristes*, s'il vous plaît.

La guichetière : Il n'y a plus de place pour la séance de dix-huit heures trente. La prochaine séance est à 21 heures.

Emma : Bon, ça va.

Isabelle : Vous avez un tarif étudiant ?

La guichetière : Oui, c'est 5 euros.

Isabelle : Tenez. Voici nos cartes d'étudiant.

La guichetière : Ça fait quinze euros pour les 3 places.

Isabelle : Voilà 15 euros.

La guichetière : Merci, voilà vos billets.

Emma : Alors, qu'est-ce qu'on fait ? On a environ deux heures devant nous.

Daniel : Je vous invite au restaurant.

1. 동사의 현재변화형

croire

je **crois**	nous **croyons**
tu **crois**	vous **croyez**
il **croit**	ils **croient**

rejoindre

je **rejoins**	nous **rejoignons**
tu **rejoins**	vous **rejoignez**
il **rejoint**	ils **rejoignent**

savoir

je **sais**	nous **savons**
tu **sais**	vous **savez**
il **sait**	ils **savent**

Les enfants **croient** au Père-Noël.

Paul est parti ? - Non, je ne **crois** pas.

Je **crois** que oui.

Je vous **rejoins** dans un instant.

La rue **rejoint** le boulevard à cet endroit.

Je ne **sais** pas.

Nous **savons** que nous sommes mortels.

Tu **sais** nager ?

Je ne **sais** pas.

2. 소유형용사(adjectif possessif)

	남성 단수	여성 단수	남·여성 복수
1인칭 단수	mon	ma	mes
2인칭 단수	ton	ta	tes
3인칭 단수	son	sa	ses
1인칭 복수	notre	notre	nos
2인칭 복수	votre	votre	vos
3인칭 복수	leur	leur	leurs

le livre de M. Durand → son livre

la maison de Jean → sa maison

les enfants de M. Petit → ses enfants

la voiture de mes parents → leur voiture

les enfants de M. et Mme Petit → leurs enfants

Check!

 모음 또는 무성 h로 시작하는 명사 앞에서는 ma, ta, sa 대신에 mon, ton, son을 사용한다.

ma amie(x) → mon amie(o)

ta école(x) → ton école(o)

sa histoire(x) → son histoire(o)

3. 강세형 인칭대명사(pronom personnel tonique)

	단수	복수
1인칭	moi	nous
2인칭	toi	vous
3인칭	lui/elle	eux/elles

Moi, j'aime la musique.

Eux, ils veulent aller au cinéma.

On va chez toi ?

Il fait tout pour elle.

C'est moi.

4. 명령문(2)

⇨ 특별한 형태를 갖는 동사들

être : sois, soyons, soyez

avoir : aie, ayons, ayez

Tu es patient. → Sois patient !

Nous sommes gentils. → Soyons gentils !
Tu as du courage. → Aie du courage !
Vous n'avez pas peur. → N'ayez pas peur !

Mots et expressions

시간 표현

Quelle heure est-il ? / Vous avez l'heure ?
Il est 9 heures.
Il est 9 heures et quart.
Il est 9 heures et demie du soir.
= Il est 21 heures 30.
Il est midi(minuit) et demi.
Il est 10 heures 45.
= Il est 10 heures et 45 minutes.
= Il est 11 heures moins le quart.
Il est 4 heures de l'après-midi.
Le cours finit à 4 heures.

요일

lundi(월), mardi(화), mercredi(수), jeudi(목), vendredi(금), samedi(토), dimanche(일)

Nous sommes quel jour aujourd'hui ? - Nous sommes mercredi.
J'ai rendez-vous avec Patrick samedi.
Il n'y a pas de cours le dimanche.

Exercices

1. 알맞은 소유형용사를 넣으시오.

1. Est-ce que c'est le stylo de Jeanne ?

→ Non, ce n'est pas ___________ stylo.

2. Est-ce que c'est votre appartement ?

→ Oui, c'est _______ appartement.

3. Est-ce que ce sont tes ordinateurs ?

→ Non, ce ne sont pas ________ ordinateurs.

4. Est-ce que c'est la mère de Jacques ?

→ Oui, c'est ________ mère.

5. Est-ce que c'est la soeur de Jacques et Jeanne ?

→ Oui, c'est _______ soeur.

2. 주어진 어휘에 대응되는 강세형 인칭대명사를 넣으시오.

1. _____, il veut rester à la maison. (il)

2. Je reste chez _____. (je)

3. _____, nous voulons jouer au football. (nous)

4. Elle habite avec _____ ? (ils)

5. _____, vous devez respecter la règle. (vous)

3. 명령문으로 바꾸시오.

1. Vous avez confiance.

____

2. Tu es heureux.

____

3. Nous sommes prudents.

____

4. Tu n'es pas négatif.

____

4. 프랑스어로 옮기시오.

1. 오후 5시 28분입니다.

____

2. 오전 11시 15분 전입니다.

____

3. 자정입니다.

____

4. 19시 47분입니다.

____

5. 영화는 저녁 6시반에 시작합니다.

____

Dans un magasin de vêtements

Isabelle : Emma, qu'est-ce que tu penses de ce petit chemisier violet ? Je crois qu'il va bien aller avec mon pantalon gris clair.

Emma : Oui, il n'est pas mal.

Isabelle : Par ailleurs, le prix est raisonnable. Ça fait seulement 15 euros. C'est pourquoi j'aime bien ce magasin. Ici, les articles ne sont pas chers, mais ils sont toujours à la mode.

Emma : Regarde cette robe rouge ! Ça va être bien pour la soirée chez Patrick vendredi prochain, non ?

Isabelle : Oui, et j'ai aussi besoin d'une jupe. Tu aimes bien cette jupe blanche ?

Emma : Oui, elle n'est pas mal.

Isabelle : Bon, je vais essayer tout ça.

Avec la vendeuse

Isabelle : Bonjour, madame.

La vendeuse : Bonjour madame, vous désirez ?

Isabelle : Je peux essayer ce chemisier, cette robe, et cette jupe en 38 ?

La vendeuse : Bien sûr, je vais les chercher pour vous.

La vendeuse : En fait, il n'y a plus de chemisier violet en 38, mais vous pouvez essayer la taille 40, si vous voulez. Et voilà la robe, et la jupe en taille 38.

Isabelle : Merci.

La vendeuse : Il vous va très bien, le chemisier. La taille 40 est parfaite pour vous.

Isabelle : Il n'est pas trop grand ?

La vendeuse : Non, pas du tout.

Isabelle : Bon, je vais prendre ce chemisier, et cette jupe.

1. 동사의 현재변화형

⇨ yer 형 : essayer, payer. 단수와 복수3인칭에서 y를 그대로 써도 되고 i로 바꿔도 된다.

essayer

j'essa**ye**/j'essa**ie**	nous essa**yons**
tu essa**yes**/essa**ies**	vous essa**yez**
il essa**ye**/essa**ie**	ils essa**yent**/essa**ient**

Elle **essaie** une voiture.
Je peux **essayer** ce chemisier ?
Vous **payez** comment ?

2. 직접보어인칭대명사

	단수	복수
1인칭	me	nous
2인칭	te	vous
3인칭	le/la	les

Tu aimes bien ce petit garçon ? - Oui je l'aime bien.
Regardez-vous la télévision ? - Non, je ne **la** regarde pas.
Est-ce que tu m'entends ? Oui, je **t'**entends bien.
Nous cherchons le chemisier violet en 38. → Nous **le** cherchons.

3. 형용사(3)

⇨ 형용사의 위치
un livre **intéressant**
un exercice **difficile**

프랑스어의 형용사는 명사의 뒤에 오는 것이 많지만 다음 형용사들은 명사 앞에 놓인다 : grand, petit, jeune, vieux, court, long, bon, mauvais, nouveau, joli

une **petite** maison
une **grande** voiture
le **nouveau** livre
une **jolie** robe

⇨ **색채, 형상 의미의 형용사는 항상 명사 뒤에 놓인다.**

noir → noire, noirs, noires   un chat noir
blanc → blanche, blancs, blanches   un fromage blanc
rouge → rouge, rouges, rouges   un poisson rouge
jaune → jaune, jaunes, jaunes   les pages jaunes
bleu → bleue, bleus, bleues   les yeux bleus
un pantalon gris clair

orange, marron 등의 일부 색채 어휘는 명사와 일치시키지 않는다. la robe marron

une table ronde, le bonnet carré

4. 보어절을 이끄는 que

Je crois qu'il va bien aller avec mon pantalon gris clair.
Tout le monde sait que Paul a raison.
Le professeur dit que la Terre tourne autour du Soleil.
Je crois que non.

서수 표현

대부분 '기수 + –ième'의 형태로 만들어지나 일부는 형태가 완전히 다르거나 철자 일부가 변형된다.

1	premier (première)	2	deuxième (second(e))	3	troisième
4	quatrième	5	cinquième	6	sixième
7 8	septième huitième	9 …	neuvième …	마지막	dernier (dernière)

le premier étage   la première place
le deuxième livre   la deuxième fois
le dernier bus   la dernière leçon

가격 표현

C'est combien ?
Ça coûte combien ?
C'est 15 euros.
Je vous dois combien ?
Ça fait combien ?
Ça fait 30 euros en tout.
Vous payez comment ? - En espèces.

Exercices

1. 밑줄 부분을 대명사로 바꿔 문장을 다시 쓰시오.

1. Il regarde <u>la télévision</u> deux heures par jour.

____

2. J'achète <u>mes livres</u> dans cette librairie.

____

3. Jean aime beaucoup <u>Marie</u>.

____

4. Elles rencontrent <u>leurs amies</u> au café.

____

2. 밑줄 부분을 대명사로 바꿔서 알맞게 대답하시오.

1. Est-ce qu'ils font <u>leurs devoirs</u> ?

→ Oui, _______________________________________.

2. Elle apprend <u>l'allemand</u> ?

→ Non, _______________________________________.

3. Est-ce que tu prépares <u>le dîner</u> ?

→ Oui, _______________________________________.

4. Tu vas regarder <u>les vestes</u> ?

→ Non, _______________________________________.

3. 주어진 형용사를 적당한 형태로 넣으시오.

1. Mes deux filles sont très ______ et elles ont les yeux _______ . (brun, vert)

2. Elle met une robe _________ . (blanc)

3. Ils achètent des pulls ___________ . (noir)

4. une veste _________ (marron)

Visite d'un appartement

L'agent immobilier : Alors voici l'appartement dans un immeuble récemment rénové, comme vous voyez. Entrez s'il vous plaît.

Paul : Merci.

L'agent : Il y a une petite entrée, et voici le salon.

Paul : Ah, c'est grand.

Emma : La pièce est très claire.

Paul : Oui, il y a de grandes fenêtres au sud.

L'agent : Il y a un petit balcon aussi.

Paul : Oui, avec une belle vue dégagée.

Emma : En effet, c'est joli. C'est calme aussi.

L'agent : Oui madame, vous n'avez pas de bruit ici, la rue est très tranquille.

Emma : Paul, on va mettre le sofa ici, devant la cheminée...

Paul : Oui, et le buffet ?

Emma : Eh bien ici, derrière la table.

L'agent : Voulez-vous voir les chambres ?

Paul : Oui, voyons les chambres. Il y en a deux, n'est-ce pas ?

L'agent : Oui en effet. Voici la première, c'est la plus grande.

Emma : Oh, elle est magnifique, très claire aussi.

L'agent : Il y a une salle de bain ici, toute équipée, avec une baignoire.

Emma : Oh, c'est très joli, j'aime bien la décoration, qu'est-ce que tu en penses, Paul ?

Paul : C'est bien. On va mettre un tableau sur le mur.

L'agent : Voici la seconde chambre.

Emma : Oui... Elle me semble un peu petite pour les enfants. Tu n'es pas d'accord, Paul ?

Paul : Un peu petite, oui... Pour deux enfants, c'est un peu petit.

L'agent : Elle fait 12m², monsieur.

Emma : Paul, tu peux venir voir la cuisine ?

L'agent : Ah, la cuisine, elle est toute neuve, entièrement équipée.

Emma : Moi, je la trouve un peu étroite... Il n'y a pas beaucoup de place pour bouger.

Paul : Oui, c'est vrai... Et pour le loyer ?

L'agent : Deux mille deux cents euros par mois, charges comprises.

Paul : Hmm, c'est un peu cher...

L'agent : Ah, c'est le quartier, c'est le Bois de Boulogne, vous savez...

Paul : Est-ce qu'on peut déménager le mois prochain avant le 25 juillet ?

L'agent : Oui, monsieur, pas de problème !

1. 동사의 현재변화형

voir (vu)

je **vois**	nous **voyons**
tu **vois**	vous **voyez**
il **voit**	ils **voient**

venir (venu)

je **viens**	nous **venons**
tu **viens**	vous **venez**
il **vient**	ils **viennent**

mettre (mis)

je **mets**	nous **mettons**
tu **mets**	vous **mettez**
il **met**	ils **mettent**

Ici, on **voit** le Mont Blanc.

Nous allons voir un film américain en version française.

Ils ne **veulent** voir personne.

Je **viens** !

Il **vient** chez nous tous les jours.

Je **mets** une lettre à la poste.

Il **met** ses lunettes.

J'ai mis 3 heures à faire ce travail.

2. 간접목적어인칭대명사

	단수	복수
1인칭	me	nous
2인칭	te	vous
3인칭	lui	leur

⇨ 간접목적어인칭대명사는 'à + 인물명사'을 대신한다.

⇨ parler, téléphoner, dire, écrire 등과 같이 의사소통 의미의 동사나 donner, offrir 등 수여 의미의 동사는 à 이하를 간접목적격 대명사로 바꿀 수 있다.

Vous parlez à Paul. → Vous **lui** parlez.

Je **lui** dis que je suis fatigué.

Je **te** donne un cadeau.

Elle **me** semble un peu petite.

3. 중성대명사 en

'de + 명사'를 대신한다.

Vous avez des frères ? - Oui, j'en ai.

Tu bois du café ? - Oui, j'en bois.

Il parle de son voyage. → Il en parle.

Jouez-vous du violon ? - Non, je n'en joue pas.

Il y a beaucoup de livres dans cette bibliothèque.

→ Il y en a beaucoup dans cette bibliothèque.

en의 위치는 보어인칭대명사와 마찬가지로 동사 바로 앞이다.

Il n'a pas de talent. → Il n'en a pas.

Il parle de son travail. → Il en parle.

J'ai deux stylos. → J'en ai deux.

4. 중성대명사 y

'장소 전치사(à, dans, en, sur, sous, devant, chez) + 사물명사'를 대신하여 '그곳에(서)'의 뜻으로 사용된다. 위치는 en과 동일하다.

Vous allez <u>au musée</u> demain ? — Oui, j'y vais demain.

Est-ce que le livre est <u>sur la table</u> ? — Oui, il y est.

Mon livre est <u>sur la table</u> ? — Non, il n'y est pas.

Allez-vous <u>chez lui</u> ? — Oui, j'y vais.

'à + 사물명사'를 대신한다.

Penses-tu à ton voyage ? — Oui, j'y pense.

Cette lettre, il faut y répondre. (y = à cette lettre)

⇨ 관용적 용법

il y a … : … 이(가) 있다.

Ça y est : (준비 따위가)됐어, 좋았어.

Check!

 y는 명사가 사물일 때만 사용할 수 있으며 'à + 인물명사'인 경우는 간접보어인칭대명사 lui, leur가 된다.

Tu réponds à Sylvie ? - Oui, je lui réponds.

Mots et expressions

달

janvier(1월), février(2월), mars(3월), avril(4월), mai(5월), juin(6월), juillet(7월), août(8월), septembre(9월), octobre(10월), novembre(11월), décembre(12월)

On peut déménager le mois prochain avant le 25 juillet ?
Il fait très froid en janvier. (=au mois de janvier)

날짜, 년도

On est le combien ? - On est le 2 avril. Nous sommes le 10 juin.
Je suis entré à l'université en 2010.

Exercices

1. 밑줄 부분을 en으로 바꾸어 문장을 다시 쓰시오.

   1. Elle sort <u>du bureau</u>.

   ____

   2. Tu veux <u>du chocolat</u> ?

   ____

   3. Je viens <u>de la ville</u>.

   ____

   4. Les enfants reviennent <u>de l'école</u> à 4 heures.

   ____

2. 보기와 같이 y를 사용하여 대답하시오.

〈보기〉 Alice fait un voyage à Rome ? → Oui, elle y fait un voyage.

   1. Vous travaillez chez Carrefour ? Oui, ___________________________.

   2. Tu vas à l'école aujourd'hui ? Non, ___________________________.

   3. Tu retournes au lycée ? Oui, ___________________________.

   4. Le livre est sur la table ? Oui, ___________________________.

3. en이나 y 중 적당한 것을 넣으시오.

   1. Tu vas à la fac ? - Oui, j'_____ vais.

   2. J'aime beaucoup Venise. D'ailleurs, j'_____ vais demain.

   3. Tu penses à ton voyage ? - Oui, j'_____ pense toujours.

   4. Je suis végétarien. La viande, je n'_____ mange jamais.

4. 간접목적어인칭대명사를 사용하여 보기와 같이 질문에 답하시오.

<보기> Est-ce que vous me parlez ? → Oui, je vous parle.

1. Est-ce que tu me téléphones ?

→ Oui, je _______________________________.

2. Est-ce que tu veux me parler ?

→ Oui, je _______________________________.

3. Est-ce que ton père va t'acheter une voiture ?

→ Oui, mon père _______________________________.

4. Est-ce que tu me promets d'être à l'heure ?

→ Non, je _______________________________.

À la Poste

Une lettre recommandée

L'employée : Bonjour monsieur, vous avez besoin d'un renseignement ?

Alain : Oui s'il vous plaît, j'ai reçu ceci (il présente l'avis).

L'employée : Oui alors, c'est pour une lettre recommandée, je vais vous la chercher. Pouvez-vous préparer votre carte d'identité, s'il vous plaît ?

Alain : Bien sûr.

L'employée : Voici votre lettre, monsieur. Il faut signer l'avis de réception ici.

Alain : Merci, bonne journée.

L'employée : Bonne journée à vous !

Un chronopost

Alain : Bonjour, pouvez-vous m'aider s'il vous plaît ?

L'employé : Oui, dites-moi......

Alain : Je voudrais retirer un chronopost.

L'employé : Oui, il faut votre avis de passage et une pièce d'identité. Attendez votre tour pour vous présenter au guichet.

Alain : Merci monsieur.

L'employé : Je vous en prie.

Acheter des timbres

L'employée : Bonjour madame, je peux vous aider ?

Sylvie : J'ai juste besoin d'un carnet de timbres.

L'employée : Vous avez un appareil au fond à droite, ça vous évite la file d'attente.

Sylvie : Il faut une carte bancaire ?

L'employée : Oui, ou vous pouvez aussi utiliser des pièces.

Sylvie : Très bien, merci.

L'employée : Je vous en prie.

Un colissimo

Sylvie : Bonjour madame. Je voudrais envoyer un colis en Corée.

L'employée : Alors, pour la Corée, vous pouvez acheter une boîte «Colissimo
    international».

Sylvie : Ça coûte combien ?

L'employée : Une boîte de 5kg coûte 35 euros, et une boîte de 7kg coûte 45
    euros.

Sylvie : Bon, je vais prendre une boîte de 5 kg, s'il vous plaît.

L'employée : Vous remplissez ce formulaire et vous le collez sur la boîte.

Grammaire

1. 동사의 현재변화형

<table>
<tr><th colspan="2">attendre (attendu)</th><th colspan="2">recevoir (reçu)</th></tr>
<tr><td>j'attends</td><td>nous attendons</td><td>je reçois</td><td>nous recevons</td></tr>
<tr><td>tu attends</td><td>vous attendez</td><td>tu reçois</td><td>vous recevez</td></tr>
<tr><td>il attend</td><td>ils attendent</td><td>il reçoit</td><td>ils reçoivent</td></tr>
</table>

<table>
<tr><th colspan="2">dire (dit)</th><th colspan="2">falloir (fallu)</th></tr>
<tr><td>je dis</td><td>nous disons</td><td></td><td></td></tr>
<tr><td>tu dis</td><td>vous dites</td><td colspan="2" align="center">il faut</td></tr>
<tr><td>il dit</td><td>ils disent</td><td></td><td></td></tr>
</table>

Je vais vous attendre chez moi jusqu'à midi.
Il a attendu longtemps.
J'ai reçu une lettre de mes parents.
Le médecin **reçoit** les malades le jeudi.
Je te **dis** un secret.
Il **dit** que notre vie va changer.
Il me **dit** de partir immédiatement.
Il **faut** du courage pour combattre.
Il **faut** dire la vérité.

2. 복합과거(passé composé)

1) 형태

⇨ avoir/être의 현재형 + 과거분사

<table>
<tr><th colspan="2">aimer</th></tr>
<tr><td>j'ai aimé</td><td>Nous avons aimé</td></tr>
<tr><td>tu as aimé</td><td>Vous avez aimé</td></tr>
<tr><td>il a aimé</td><td>ils ont aimé</td></tr>
</table>

<h1 style="text-align:center">arriver</h1>

je **suis arrivé/arrivée**	nous **sommes arrivés/arrivées**
tu **es arrivé/arrivée**	vous **êtes arrivé/arrivée/arrivés/arrivées**
Il **est arrivé**	ils **sont arrivés**
elle **est arrivée**	elles **sont arrivées**

être를 조동사로 쓰는 경우 : 이동의 의미를 나타내는 자동사
aller, venir, partir, arriver, monter, descendre, sortir, entrer, passer, retourner, rentrer, tomber, rester
일부 동사는 이동 의미는 아니지만 être를 사용한다 : naître, mourir, devenir
나머지 경우는 모두 avoir를 조동사로 사용한다.

2) 용법

⇨ 과거에 일어난 순간적 동작, 사건을 표현한다.

J'ai vu Paul hier dans la rue.

Napoléon est mort en 1821.

Ma mère est sortie tout à l'heure.

3. 과거분사(participe passé)

⇨ 1군동사의 과거분사 −er → é
⇨ 2군동사의 과거분사 : −ir → i
⇨ 3군동사의 과거분사 : 불규칙

avoir : eu	être : été	faire : fait
vouloir : voulu	mettre : mis	attendre : attendu
pouvoir : pu	recevoir : reçu	dire : dit
prendre : pris	voir : vu	savoir : su
naître : né	mourir : mort	lire : lu

partir, sortir 등 다수의 −ir형 3군동사는 2군동사처럼 과거분사가 parti, sorti.

국가명과 전치사

여성국가와 모음으로 시작하는 남성국가명 앞에는 en 사용한다.

La France / en France

La Corée / en Corée

L'Angleterre / en Angleterre

L'Allemagne / en Allemagne

en Chine, en Suisse, en Italie, en Grèce, en Australie, en Russie, en Espagne,

en Iran, en Irak ...

Je vais en France.

자음으로 시작하는 남성국가명 앞에는 au, 복수형 국가 앞에서는 aux를 사용한다.

au Japon, au Maroc, au Mexique, au Canada, aux Pays-Bas, aux États-Unis

Je vais envoyer un colis au Japon.

출신지를 나타내는 de : de + 여성국가
                du + 남성국가
                des + 복수형 국가

Vous venez du Japon ? Non, je viens de Corée.

이동동사 + inf.

Je vais acheter du pain.

Elle est venue chercher son courrier.

Je reste travailler jusqu'à 18 heures.

Vous montez le voir ?

Exercices

1. attendre, recevoir, dire, falloir 중 하나를 현재형으로 변화시켜 넣으시오.

1. Tu ___________ toujours des bêtises.

2. Il ___________ manger pour vivre.

3. Il vient d'arriver mais il ______________ partir tout de suite.

4. Le médecin _________ les malades le jeudi.

5. Elle _________ le train du soir.

2. 주어진 동사를 복합과거로 만들어 넣으시오.

1. Elle _________ à la dernière station. (descendre)

2. Est-ce que tu ________ tes devoirs ? (finir)

3. Mon père _________ un verre de champagne pour fêter le nouvel an. (boire)

4. Mélanie et Christine, elles _________ des magazines pendant le voyage. (lire)

5. Vous ________ ces médicaments ? (prendre)

3. 보기의 동사 중 적절한 것을 이용하여 복합과거로 표현하시오.

〈보기〉 rencontrer - payer - écouter - travailler - acheter

1. Hier, il ______________ trois cents euros.

2. La nuit dernière, elle _________ jusqu'à 8 heures.

3. Hier soir, nous ______________ des disques.

4. À midi, je ___________ un sandwich.

5. Ce matin, ils _________ Victoria au marché.

4. à, en, à la, au, aux 중 하나를 넣으시오.

1. Elle va ________ Italie.

2. Il habite ________ Séoul, ________ Corée.

3. Le Canal de Suez est ________ Égypte, ________ Afrique du Nord.

4. Il travaille ________ Japon.

우체부들의 늘어난 서비스

Facteur Service plus

편지나 소포가 줄어든 요즘, 프랑스 우체부들은 2007년부터 새로운 업무를 맡게 되었다. 바로 노인들에게 약 배달을 해주는 것을 시작으로 지역 공동체, 약국협의회, 각종 해당 협회들과의 협약을 통해 해당 지역을 가장 잘 아는 우체부들이 활동하는 방안이 마련된 것이다. 우체부들은 일요일과 공휴일을 제외하고 매일 도서 산간벽지 지역일지라도 약품과 문화상품, 즉 책, 잡지, CD, DVD 등을 배달하는 유료 서비스를 시행하고 있다. 또한 시청, 사회 공동체, 퇴직 기금, 보험, 상호 공제 기금 협회 등의 의뢰를 받아 신청자에 한해 노약자나 소외계층, 거동이 불편한 사람들을 정기적으로 방문하는 서비스를 시행함으로서 사회 연대를 강화하고 위험한 상황을 예방하는 역할을 하기도 한다. 서비스에 따라 요금은 각각 다르며 일주일에 1회이건 6회이건 방문 횟수는 신청자의 요구에 따라 정해진다.

변화된 시대의 요구에 따라 고유 업무가 줄어든 우체부에게는 새로운 업무를 부여하고, 이동이 원활하지 않은 환자나 노약자, 소외층에게는 사회적 관심을 표할 수 있는 일거양득의 제도이긴 하지만, 우편배달보다 오랜 시간과 관심을 투자해야 함에도 우체부들에게는 같거나 더 적은 수당이 책정되어 있다는 문제로 오히려 과중한 업무에 대한 지적이 나오기도 한다.

Chez le médecin

Sylvie : Bonjour monsieur.

Le médecin : Bonjour mademoiselle, qu'est-ce qui ne va pas ?

Sylvie : Je ne sais pas monsieur, je me sens fatiguée...

Le médecin : Vous vous sentez fatiguée... Vous dormez bien la nuit ?

Sylvie : Non, pas du tout, je dors très mal, j'ai des insomnies.

Le médecin : Vous avez de la fièvre ?

Sylvie : Non pas de fièvre. Mais je me sens faible.

Le médecin : Vous mangez bien ?

Sylvie : Non, je n'ai jamais faim, je n'ai pas envie de manger.

Le médecin : Vous avez des douleurs quelque part ?

Sylvie : Oui monsieur, j'ai mal partout.

Le médecin : Où avez-vous mal, par exemple ?

Sylvie : J'ai souvent mal à la tête. Je prends de l'aspirine mais ça ne me fait rien.

Le médecin : Oui, et quelle autre douleur ?

Sylvie : J'ai mal au ventre aussi.

Le médecin : Au ventre... Allez vous allonger sur la table. Enlevez votre pull,
s'il vous plaît. Je vais vous examiner. Euh... Vous allez aux toilettes
régulièrement ?

Sylvie : Non, justement, pas tous les jours.

Le médecin : Il faut manger beaucoup de fruits...

Sylvie : Oui j'en mange, mais ça me fait mal au ventre.

Le médecin : Vous faites du sport de temps en temps ?

Sylvie : Non, pas du tout, j'ai trop mal au dos.

Le médecin : Vous pouvez nager, aller à la piscine...

Sylvie : Je ne sais pas nager.

Le médecin : Euh... Vous suivez un traitement ? Vous prenez des médicaments ?

Sylvie : Non, monsieur, je ne prends rien en ce moment.

Le médecin : Bien, je vais vous faire une ordonnance. Vous prenez ces
médicaments 3 fois par jour pendant 8 jours. Buvez beaucoup d'eau et
reposez-vous.

Sylvie : C'est grave, vous pensez ?

Le médecin : Non, ce n'est pas grave...

Sylvie : Alors... pourquoi j'ai mal partout ?

Le médecin : Vous avez un peu d'anxiété, c'est tout.

Sylvie : Merci beaucoup. Au revoir monsieur.

Le médecin : Au revoir mademoiselle.

Grammaire

1. 동사의 현재변화형

boire (bu)	
je **bois**	nous **buvons**
tu **bois**	vous **buvez**
il **boit**	ils **boivent**

dormir (dormi)	
je **dors**	nous **dormons**
tu **dors**	vous **dormez**
il **dort**	ils **dorment**

Je **bois** du vin.
Buvez beaucoup d'eau.
Vous **dormez** bien la nuit ?
Je ne peux pas **dormir**.

2. 대명동사(verbe pronominal)(1)

1) 형태
⇨ **주어와 동일한 인칭의 대명사가 동사 앞에 놓인다.**

se lever	
je **me lève**	nous **nous levons**
tu **te lèves**	vous **vous levez**
il **se lève**	ils **se lèvent**

ils **se lèvent**.

2) 용법
⇨ **재귀적 대명동사 : 주어가 행한 동작이 다시 주어에게로 되돌아온다.**
Pierre se regarde dans la glace.
Elle se couche tard cette nuit.

Pierre et Paul se regardent.

Ils s'aiment.

Ce tissu se fabrique en Angleterre.

Cet article s'est bien vendu.

Jacqueline s'est évanouie à l'annonce de sa mort.

Il se moque de moi.

3. 의문사

Qui a dit cela ?

Qui êtes-vous ?

Qui cherchez-vous ?

Que cherchez-vous ? (= Qu'est-ce que vous cherchez ?)

Qu'est-ce qui s'est passé ?

Qu'est-ce qui ne va pas ?

Qu'est-ce que c'est ?

C'est quoi ?

Où travaillez-vous ?

Tu vas où ?

Frédéric vient quand ?

Ça coûte combien ?

Comment envoyez-vous cette lettre ?

Pourquoi tu pleures ?

수량 표현

beaucoup/un peu/peu/assez + de + 무관사 명사

J'ai beaucoup de soucis.

Il y a beaucoup de choix.

Encore un peu de thé ?

Il y a peu d'élèves dans la salle de classe.

J'ai assez d'argent.

avoir + 무관사명사

avoir + faim/soif/chaud/froid/sommeil/peur

avoir envie de, avoir besoin de

J'ai mal au cœur/à la tête/au dos/aux dents.

Il n'a peur de rien.

Je n'ai jamais faim, je n'ai pas envie de manger.

Exercices

1. 주어진 한국어에 대응되는 의문사를 넣으시오.

1. __________ sont ces gens-là ? (누구)

2. Vous partez _______? (언제)

3. Vous allez à l'école __________? (어떻게)

4. __________ fait-il ? (무엇)

5. _____________ ta sœur est-elle en Afrique ? (왜)

2. 강조한 부분이 답이 되도록 알맞은 의문사를 넣으시오.

1. _____________ les Français aiment ? - Les Français aiment le fromage.

2. Vous aimez manger __________? - J'aime manger au restaurant chinois.

3. Les vendeurs de ce magasin sont __________? - Ils sont gentils.

4. Vous reviendrez _____________? - Je reviendrai demain.

3. 해석하시오.

1. Ton ami et toi, vous vous mariez bientôt ? _______________________________

2. Cette maison se voit de loin. _______________________________

3. Tu te rases tous les matins ? _______________________________

4. Je me souviens de vous. _______________________________

5. Nous ne nous parlons plus. _______________________________

4. 보기와 같이 강조된 부분을 참고하여 빈칸을 채우시오.

〈보기〉 Elle se dépêche le matin mais vous, vous vous dépêchez le soir.

1. Nous nous absentons lundi mais lui, _____________________ mercredi.

2. Les voisins se couchent tôt mais eux, _____________________ très tard.

3. Le thé se boit chaud mais les jus de fruits _____________________ frais.

4. Elles se saluent, mais nous, nous ne _____________________ pas.

La météo

un peu frais...

La radio : Et voici les prévisions météo pour aujourd'hui : le temps est couvert sur l'ensemble du pays. Le ciel reste nuageux et les pluies sont fréquentes dans le Nord et en région parisienne. En Bretagne, il y a beaucoup de brouillard. Les températures, basses pour la saison, ne dépassent pas 13 degrés dans le Nord et 17 degrés sur la Côte d'Azur.

La mère : Émilie, tu ne peux pas aller au collège comme ça ! Il pleut, et il fait frais. Va mettre des baskets, prends un pull et n'oublie pas ton blouson.

Émilie : Mais maman, j'ai chaud et puis il va y avoir du soleil. Regarde, il y a un peu de ciel bleu.

La mère : Bon, fais comme tu veux... mais si tu es malade...

Émilie : Bisou, au revoir maman !

Au collège

Émilie : Mais on gèle aujourd'hui. J'ai froid et j'ai les pieds mouillés !

La copine : Normal, tu es en sandales et tu n'as pas de pull. Regarde, tu es habillée comme en été... Ta mère ne t'a rien dit ce matin ?

Émilie : Euh... elle est partie très tôt.

Enfin l'été !

À la boulangerie

La vacancière : Oh, quel beau temps aujourd'hui. Il fait même chaud. Enfin l'été !

La boulangère : Ça, on peut dire que vous avez de la chance, parce que la semaine dernière, on a eu de la pluie tous les jours. J'espère que ce beau soleil va continuer toute la journée.

La vacancière : Mais oui, soyez optimiste. Nous, on va passer la journée à la
plage. Donnez-moi deux baguettes, s'il vous plaît.

La boulangère : Voilà, et bonne journée !

(La vacancière sort.)

Un client : Avec ce vent, les nuages vont bientôt arriver.

La boulangère : Allons, ne soyez pas pessimiste : aujourd'hui, les vacanciers
vont enfin pouvoir aller à la plage.

Le client : Oh, mais j'ai lu la météo dans le journal et ils ne se trompent pas !
Allez, un pain de campagne, s'il vous plaît !

1. 동사의 현재변화형

<table>
<tr><td colspan="2" align="center">lire (lu)</td><td align="center">pleuvoir (plu)</td></tr>
<tr><td>je lis</td><td>nous lisons</td><td></td></tr>
<tr><td>tu lis</td><td>vous lisez</td><td align="center">il pleut</td></tr>
<tr><td>il lit</td><td>ils lisent</td><td></td></tr>
</table>

Cet enfant **lit** des B.D.

J'ai **lu** la météo dans le journal.

En Corée, il **pleut** beaucoup en été.

Hier, il a **plu** toute la journée.

2. 대명동사의 복합과거

1) 형태

se + être + 과거분사

Check!

 se가 직접목적어일 경우는 과거분사를 주어와 성수일치시키고 간접목적어일 경우는 일치시키지 않는다.

Elle s'est couchée tard cette nuit.

Pierre et Paul se sont regardés.

Nous nous sommes parlé longtemps.

Check!

 관용적 용법의 경우는 항상 일치시킨다.

Ces articles se sont bien vendus.

Jacqueline s'est évanouie à l'annonce de sa mort.

Elles se sont assises.

3. 명령문(3) : 대명사 목적어가 있는 경우

Vous lui parlez. → Parlez-lui !

Vous me donnez une baguette. → Donnez-moi une baguette !

Tu me regardes. → Regarde-moi !

Tu te lèves. → Lève-toi !

Vous vous taisez. → Taisez-vous !

날씨 표현

Quel temps fait-il aujourd'hui ?
Il fait chaud/froid/lourd/frais/doux.
Il fait entre 25 et 30 degrés.
Il gèle.
Il y a un arc-en-ciel.
Il y a de l'orage/du brouillard/du vent.
Il y a une tempête.
Il y a des nuages./ Le ciel est gris./ Le ciel est couvert.
Le ciel est bleu./ Le ciel est clair./ C'est une belle journée.

Quel temps fait-il au printemps ?
Au printemps, il fait bon, mais il peut encore faire froid.
En été, il fait chaud.
En automne, il fait encore assez bon, mais il peut déjà faire froid.
En novembre, il fait en moyenne 20° degrés à Paris.

계절

le printemps, l'été, l'automne, l'hiver
au printemps, en été, en automne, en hiver

신체부위 표현

신체부위는 보통 소유형용사를 쓰지 않고 정관사를 사용한다.
J'ai les pieds mouillés.
J'ai mal à la tête.
Paul a levé le bras.
Il se brosse les dents.

Exercices

1. 주어진 동사를 복합과거로 만들어 넣으시오.

    1. Ce matin, elle _____________ très vite. (s'habiller)

    2. L'étudiante _____________ de son retard. (s'excuser)

    3. Elle _____________ dans la glace. (se regarder)

    4. Ils _____________ à l'université. (se connaître)

    5. Ils _____________ à Venise. (se rencontrer)

    6. Ils _____________ en mars. (se marier)

    7. Ils _____________. (se téléphoner)

    8. Marie _____________ les mains avant de se mettre à table. (se laver)

2. 보기의 어휘 중 하나를 넣으시오.

〈보기〉 nuages, pluie, vent, brouillard, tempête, neige, soleil. verglas, éclairs

    1. Il y a beaucoup de _________, je peux faire du ski.

    2. Quand il y a un orage, on voit des _________ dans le ciel.

    3. Les _________ sont gris ou noirs.

    4. Quand il y a du _________, on ne voit pas bien.

    5. Le _________ souffle à 80 kilomètres à l'heure.

3. 유사한 의미끼리 연결하시오.

1. Il fait très chaud.	a. Il fait froid.
2. Il fait mauvais.	b. Il fait un temps splendide.
3. Il pleut à torrents.	c. Il fait -8°.
4. Il fait gris.	d. Il pleut très fort.
5. Il fait un temps magnifique.	e. Il ne fait pas beau.
6. Il ne fait pas chaud.	f. Il fait 40°.
7. Il fait très froid.	g. Le ciel est couvert.
8. Il y a du vent.	h. Il vente.

À l'aéroport

«Les passagers du vol 747 à destination de Rio sont invités à se présenter à la porte 6.»

Alain : Vite, vite ! On va vraiment rater l'avion...

Sophie : Désolée, je ne peux pas aller plus vite, mes valises sont trop lourdes.

Alain : Il nous faudrait un chariot. Ils sont où, les chariots ?

Sophie : Tiens, j'en vois là-bas, près des escaliers mécaniques.

Alain : Bon maintenant, il faut trouver le comptoir d'Air France.

Sophie : Bah... c'est écrit sur le panneau, c'est le numéro 5.

Alain : C'est tout droit. Dépêchons-nous, on est vraiment en retard... L'avion part dans une heure.

Sophie : Qu'est-ce qu'on va faire si on rate l'avion ?

Alain : Bonsoir madame, nous prenons le vol pour Rio. Ce n'est pas trop tard ?

L'employée : Bonsoir... Vous arrivez juste à temps, l'enregistrement ferme dans cinq minutes. Je peux voir vos billets s'il vous plaît ?

Alain : Oui... les voici.

L'employée : Et vos passeports ? Vous avez des bagages ?

Alain : Oui madame, les deux valises, là...

Sophie : Et ces deux sacs aussi.

L'employée : Vous pouvez les déposer ici, s'il vous plaît ? Un par un, merci.

Alain : C'est trop lourd ?

L'employée : Cela fait 45 kilos en tout. Normalement, vous avez droit à 20 kilos chacun...

Alain : Il faut qu'on paye un supplément ?

L'employée : Non, ça va aller pour aujourd'hui, l'avion n'est pas trop chargé.

Alain, Sophie : Merci beaucoup.

L'employée : Pour les places, je regrette, je ne peux pas vous mettre ensemble...

L'avion est complet.

Alain : Ce n'est pas grave madame, nous pouvons voyager séparément...

L'employée : Alors voilà, il y a une place côté couloir. L'autre est dans le rang central, pas loin des toilettes.

Alain, Sophie : Merci madame.

L'employée : Voici vos cartes d'embarquement. C'est la porte 16. Dépêchez-vous, l'avion part dans 40 minutes.

Alain : Merci. Le contrôle des passeports, c'est où ?

L'employée : C'est juste derrière vous, à droite. Bon voyage !

Alain, Sophie : Merci, au revoir !

1. 동사의 현재변화형

écrire (écrit)

j'**écris**	nous **écrivons**
tu **écris**	vous **écrivez**
il **écrit**	ils **écrivent**

servir (servi)

je **sers**	nous **servons**
tu **sers**	vous **servez**
il **sert**	ils **servent**

partir (parti)

je **pars**	nous **partons**
tu **pars**	vous **partez**
il **part**	ils **partent**

Écrivez ce mot au crayon.

Il **écrit** rarement à ses parents.

Elle **a écrit** mon adresse dans un carnet.

Il **part** pour Paris.

Ils **partent** travailler.

Elle **est partie** en voyage.

Elle **a** bien **servi** les invités.

On **sert** du café après le repas.

Ça **sert** de parapluie.

2. 수동문(passif) : 주어 + être + 타동사의 p.p. + par(de) + 동작주

Albert Camus a écrit *L'Étranger*.

→ *L'Étranger* a été écrit par Albert Camus.

Serge Gainsbourg a chanté «la Javanaise».

→ «La Javanaise» a été chantée par Serge Gainsbourg.

Tout le monde aime Delphine.

→ Delphine est aimée de tout le monde.

- 수동문의 과거분사는 주어의 성수에 일치한다.
- 감정(admiré de, aimé de, apprécié de, détesté de)이나 상태(connu de, couvert de, entouré de, précédé de, suivi de)를 나타내는 동사인 경우 par 대신 de를 사용한다.
- 능동문의 주어가 on일 경우 동작주보어는 생략된다.

Dans ce pays, on parle français.
→ Dans ce pays, le français est parlé par on. (X)

Mots et expressions

장소1 + être à 거리/시간 + de 장소2

Séoul est à 416 km de Busan.
La poste est à 5 minutes en voiture de chez moi

près (de), loin (de)

Il habite près de l'école.
Il y a un parc près de chez moi.
New York est loin de Paris.
Il est près de 6 heures.

très, trop

Il est très gentil.
J'ai très faim.
Le café est trop chaud pour boire.
Il a trop bu hier soir, donc il a mal à la tête aujourd'hui.

être à l'heure, à temps, être en avance, être en retard

Je suis désolé d'être en retard.
Il faut partir tout de suite pour arriver à temps.
Est-ce que je suis en retard ? - Non, au contraire, tu es en avance.

Exercices

1. 능동문을 수동문으로 바꾸시오.

    1. Elise a garé la voiture dans le parking.

    ____

    2. Victor Hugo a écrit *Les Misérables* en 1862.

    ____

    3. Les fleurs couvrent la pelouse.

    ____

    4. L'enfant a mangé la tarte aux pommes.

    ____

2. 수동문을 능동문으로 바꾸시오.

    1. Les repas sont servis entre midi et quinze heures au restaurant.

    ____

    2. Les fleurs ont été achetées par ces hommes vendredi soir.

    ____

    3. Les magazines sont vendus au kiosque.

    ____

    4. Cet article a été écrit par une Amérindienne.

    ____

3. trop, très 중 적당한 어휘를 넣으시오.

    1. Le seau déborde, il y a __________ d'eau.

    2. C'est ________ beau chez toi.

    3. Ne t'approche pas __________ près du bord, tu risques de tomber.

    4. Cette robe est vraiment ____________ chère, je ne la prends pas !

4. 프랑스어로 옮기시오.

1. 모스크바(Moscou)는 파리에서 38000km 떨어져 있다.

____

2. 모스크바는 파리에서 매우 멀다.

____

3. 내 사무실은 집에서 걸어서 10분 거리에 있다.

____

4. 그는 사무실에서 가까이에 산다.

____

Sport et loisirs

Le Tour de France

Le Tour de France est une compétition cycliste par étapes, créée en 1903 par Henri Desgrange et le journal L'Auto. Il se déroule chaque année en France, au mois de juillet.

Il se tient actuellement sur plus de 3000 kilomètres et est organisé par ASO(Groupe Amaury). «Le Tour» ou encore «la Grande Boucle», tel qu'on le nomme aussi en France, est considéré comme la plus prestigieuse épreuve cycliste du monde. En 2009, exactement 78 chaînes de télévision retransmettent le Tour de France dans 170 pays. C'est, d'après son organisateur, la plus grande compétition sportive mondiale annuelle.

Les cyclotouristes

Le journaliste : Vous avez l'air un peu fatigués tous les deux !... Qu'est-ce qui se passe ?

Sophie : On a fait un long voyage à vélo ! On est partis de Paris avant-hier, on a fait 150 kilomètres le premier jour, et presque 110 kilomètres le deuxième jour. Donc le premier jour, on est arrivés en-dessous d'Orléans et aujourd'hui, nous sommes à Amboise.

Voilà, on est fatigués, on a mal partout, repartir demain... Tout va dépendre du temps. S'il pleut, on va prendre le train !

Le journaliste : Et alors, vous allez où, en fait ?

Luc : On va chez mes parents, qui habitent près de Poitiers, entre Poitiers et Niort, dans la petite ville de Melle.

Le journaliste : Quelle a été l'étape ou le moment le plus difficile de votre périple ?

Sophie : Euh... la pluie dans la forêt de Chambord, on s'est fait tremper par une averse. On s'est dit : «Quelle mauvaise idée ! Pourquoi on a fait ce voyage ?». Mais, sinon, c'était bien, on est contents.

Le journaliste : Et vous, ça va ?

Luc : Moi, ça va, je suis passé ce matin à la pharmacie et j'ai acheté une pommade spéciale entorse, pour mes muscles endoloris !

Le journaliste : Bon, ben, bon courage pour la fin !

Sophie : Merci !

1. 반과거(imparfait)

1) 형태

⇨ **직설법 현재의 일인칭 복수어간 + 반과거 어미**

동사원형	직설법현재의 일인칭복수어간	반과거 어미	반과거 동사 변화
aimer	**aim** ons	je **ais** tu **ais** il **ait** nous **ions** vous **iez** ils **aient**	j'aimais tu aimais il aimait nous aimions vous aimiez ils aimaient

1) 용법

⇨ **과거에 진행 중인 사건이나 상태를 묘사한다.**

Quand nous étions amoureux, la vie était plus belle qu'aujourd'hui.

⇨ **과거에 규칙적으로 반복된 사건이나 행동을 표현한다.**

Chaque année, nous passions nos vacances à la mer.

⇨ **복합과거는 순간적인 사건을 표현하는 반면, 반과거는 과거의 진행 중인 사건이나 상태를 표현한다는 차이가 있다. 따라서 두 사건이 교차할 때 하나는 복합과거로, 또 하나는 반과거로 묘사하는 경우도 많다.**

Quand je dormais, on a sonné.

2. 비교표현(comparaison)(1)

⇨ **형용사와 부사의 비교급**

우등비교 : plus ＋ 형용사/ 부사 + que
동등비교 : aussi ＋ 형용사/부사 + que
열등비교 : moins + 형용사/부사 + que

Luc est plus grand que Jean.
Jean est aussi grand que Luc.

Marie est moins rapide que ses amis.
Sophie court plus vite que ses amis.
Luc court aussi vite que Jean.
Marie court moins vite que ses amis.

⇨ **명사의 비교급**

우등비교 : plus de + 명사 + que
동등비교 : autant de + 명사 + que
열등비교 : moins de + 명사 + que

Il a plus de crayons que moi.
Il a autant de crayons que moi.
Il a moins de crayons que moi.

⇨ **최상급 : 정관사(le, la, les) + 형용사나 부사의 비교급 + de**

Sophie est la plus rapide de ses amis.
Sophie travaille le plus.

Mots et expressions

se faire + inf, se laisser + inf

수동문과 유사하게 해석된다.

On s'est fait tremper par une averse. (On a été trempé par une averse와 유사)
Patrick s'est laissé persuader.

bon을 붙여 사용하는 관용적 표현들

Bon courage !
Bon voyage !
Bon appétit !
Bonne continuation !
Bonne année !
Bonne journée !
Bonne fête !

Exercices

1. 주어진 동사를 반과거형으로 만드시오.

    1. Je __________ faim. (avoir)

    2. Tu __________ des lettres. (écrire)

    3. Pierre et Marc, ils __________ ensemble. (travailler)

    4. Je __________ contente. (être)

    5. Michèle et moi, nous __________ nos vestes. (mettre)

2. 주어진 동사를 반과거나 복합과거 중 더 적절한 형태로 넣으시오.

    1. Quand mon père est mort, j'__________ seulement 10 ans. (avoir)

    2. Quelqu'un __________ me voir ce matin. (passer)

    3. Chaque fois que j __________ chez ma grand-mère pendant les vacances,

       je __________ avec mes cousins au bord de la rivière. (aller, jouer)

    4. Quand j'__________ petit, je n'aimais pas les légumes. (être)

    5. Soudain, Pierre __________ à sa mère qu'il ne voulait pas aller à l'école. (dire)

3. 해석과 일치하도록 문장을 완성하시오.

    1. En hiver, les nuits sont __________ les jours. (더 길다)

    2. Pierre a __________ Clément. (더 많은 책을 갖고 있다)

    3. Pour aller à Marseille, la voiture est __________ le TGV. (덜 빠르다)

    4. La lutte contre le sida est __________ la lutte contre le cancer. (똑같이 중요하다)

4. 해석과 일치하도록 문장을 완성하시오.

    1. Johanna est __________ de la classe. (가장 똑똑하다)

    2. Hier soir, j'ai mangé le fromage __________. (가장 맛없는)

    3. L'Italie est l'un des pays __________ du monde. (가장 아름다운)

    4. Pierre court __________ . (가장 덜 빨리)

    5. Hier soir, nous avons vu le film __________ . (가장 덜 재미있는)

투르 드 프랑스의 '마이요'

Les maillots du Tour de France

매년 7월 프랑스에서 개최되는 프랑스 일주 사이클 대회인 투르 드 프랑스를 보다 보면 특이한 '마이요(몸에 꼭 끼는 옷)'를 입고 있는 선수들을 보게 된다. 각 '마이요'의 의미는 다음과 같다.

- 마이요 베르(maillot vert): 구간 포인트와 골인 포인트를 가장 많이 획득하여 누적 점수가 가장 높은 선수에게 시상한다. 이 셔츠의 선수는 평지에서 가장 빠른 속도를 내므로 대개 키가 크고 덩치 좋은 근육질이다.

- 마이요 아 프와(maillot à pois): 각 산악 구간마다 부여된 포인트 합계가 가장 높은 산악 구간 우승자에게 수여된다. 힘든 구간일수록 높은 점수를 부여한다. 이 셔츠를 입은 선수는 대개 마르고 작은 체구가 많다. 산악의 급경사 오르막에는 작고 가벼운 사람이 유리하기 때문이다.

- 마이요 블랑(maillot blanc): 25세 이하 선수 중 종합 기록이 가장 높은 선수에게 시상한다. 어린 선수 중 가장 촉망받는 선수라는 의미이다.

- 마이요 존느(maillot jaune): 시합 중 매 구간마다 시간을 합산하여 가장 짧은 시간을 기록한 선수가 입게 되며 21개 구간의 종합 합산 기록이 가장 높은 선수인 종합 우승자에게 최종적으로 시상한다. 종합 우승자는 영광의 마이요 존느를 영구 소장할 수 있다.

Le Temps des Cathédrales

C'est une histoire qui a pour lieu

Paris la belle en l'an de Dieu

Mille-quatre-cent-quatre-vingt-deux

Histoire d'amour et de désir

Nous les artistes anonymes

De la sculpture ou de la rime

Tenterons de vous la transcrire

Pour les siècles à venir

Il est venu le temps des cathédrales

Le monde est entré

Dans un nouveau millénaire

L'homme a voulu monter vers les étoiles

Écrire son histoire

Dans le verre ou dans la pierre

Pierre après pierre, jour après jour

De siècle en siècle avec amour

Il a vu s'élever les tours

Qu'il avait bâties de ses mains

Les poètes et les troubadours

Ont chanté des chansons d'amour

Qui promettaient au genre humain

De meilleurs lendemains

Il est venu le temps des cathédrales

Le monde est entré

Dans un nouveau millénaire

L'homme a voulu monter vers les étoiles

Écrire son histoire

Dans le verre ou dans la pierre

Il est foutu le temps des cathédrales

La foule des barbares

Est aux portes de la ville

Laissez entrer ces païens, ces vandales

La fin de ce monde

Est prévue pour l'an deux mille

Est prévue pour l'an deux mille.

Extrait de la comédie musicale «Notre-dame de Paris»

Grammaire

1. 동사의 현재변화형

connaître (connu)

je **connais**	nous **connaissons**
tu **connais**	vous **connaissez**
il **connaît**	ils **connaissent**

Je ne **connais** pas cet homme.
Je l'**ai connu** à Paris.
Ils se **connaissent** depuis longtemps.
cf) Vous savez qu'il est parti ?

2. 대과거(plus-que-parfait)

1) 형태
⇨ avoir/être의 반과거형 + 과거분사

rencontrer (rencontré)

j'**avais rencontré**	nous **avions rencontré**
tu **avais rencontré**	vous **aviez rencontré**
il/elle **avait rencontré**	ils/elles **avaient rencontré**

venir (venu)

j'**étais venu(e)**	nous **étions venu(e)(s)**
tu **étais venu(e)**	vous **étiez venu(e)(s)**
il **était venu** elle **était venue**	ils **étaient venus** elles **étaient venues**

2) 의미

Le train était déjà parti quand je suis arrivé à la gare.

Depuis qu'il avait reçu cette lettre, il restait songeur.

Il nous a écrit qu'il avait raté son bac.

3. 부정법 보어를 유도하는 동사 유형

⇨ 주어 + 동사 + inf

aller, venir, sortir, devoir, pouvoir, savoir, oser, sembler, penser, espérer, vouloir, aimer, adorer, préférer

Il peut venir.

Elle sait jouer du piano.

Je viens chercher mon courrier.

⇨ 주어 + 동사 + à inf

chercher, commencer, hésiter, réussir, se mettre, tenir, aider

Nous cherchons à trouver une solution à ce problème.

Il a commencé à travailler à 18 ans.

Si vous avez des questions, n'hésitez pas à me contacter.

⇨ 주어 + 동사 + de inf

accepter, arrêter, attendre, choisir, décider, essayer, finir, oublier, se dépêcher, refuser, regretter, rêver

Ils ont décidé de partir tout de suite.

Il a fini de lire ce livre en 2 jours.

Le client refuse de payer la facture.

4. 비교표현(2)

⇨ 형용사의 불규칙 비교표현

bon - meilleur - le meilleur

mauvais - pire(plus mauvais) - le pire(le plus mauvais)

Cette voiture-ci est meilleure que cette voiture-là.

⇨ **부사의 불규칙 비교표현**

bien - mieux - le mieux
mal - plus mal - le plus mal
beaucoup - plus - le plus
peu - moins - le moins
Sophie chante mieux que ses amis.

Mots et expressions

전치사 en

다음과 같은 명사 앞에서 사용된다.

– 여성국가명, 지명 : Je vais en France.
– 교통기관 : Il est venu en voiture.
– 소요 시간 : Il a fini son travail en 5 heures.
– 특정 시기 : en 2011, en janvier, en automne
– 재료 : bague en or
– 기타 숙어에서 : Il est en danger.

Exercices

1. 보기의 동사를 순서대로 대과거형으로 만들어 써넣으시오.

> 〈보기〉 réserver, prendre, partir, étudier

1. Ils sont allés aux Jeux Olympiques parce qu'ils _________________ les billets.
2. Nous sommes arrivés à l'heure parce que nous _______________ l'autoroute.
3. Quand il est rentré à la maison mes cousins _________________.
4. Vous avez eu de bons résultats parce que vous _______________ beaucoup.

2. 필요한 경우 빈칸에 à 나 de를 넣으시오.

1. Marie a réussi _______ trouver un emploi.
2. Je commence _______ avoir des insomnies.
3. J'aime _______ voir beaucoup de monde.
4. Je rêve _______ faire le tour du monde pendant un ou deux ans.

3. 해석과 일치하도록 문장을 완성하시오.

1. La 605 est un modèle de _________ qualité que la Clio. (더 좋은)
2. Il a fait beaucoup de progrès, il conduit _________ que l'année dernière. (더 잘)
3. Le service de ce restaurant est _________ de la région. (가장 나쁜)
4. Léa danse _________ . (가장 잘)
5. Qui fait _________ gâteaux ? (가장 좋은)

4. 각 문장에 적당한 전치사를 넣고 해석하시오.

    1. Rome n'est pas fait ________ 1 jour.

    2. Il a une montre ________ or.

    3. Il est entré à l'université ________ 2010.

    4. Mon cousin habite ________ Angleterre.

고딕양식의 꽃, 노트르담 성당

Cathédrale Notre-Dame de Paris

노트르담(Cathédrale Notre-Dame de Paris)은 파리 시테섬 동쪽에 위치한 성당으로 1163년에 건립하기 시작해서 13세기 중엽(1345년)에 완성되었다. 노트르담은 프랑스어로 '우리의 귀부인', 즉 성모마리아를 부를 때 쓰는 명칭이다. 따라서 프랑스에는 파리의 노트르담 성당 외에도 노트르담 이라는 이름을 가진 성당들이 많이 있다.

파리의 노트르담 성당은 프랑스 역사의 위대한 순간을 함께 했다. 특히, 1804년 12월 2일에 나폴 레옹의 대관식을 치른 것으로 유명하다. 나폴레옹은 역대 프랑스 국왕이 대관식을 올렸던 랭스 성당(Cathédrale Notre-Dame de Reims)에서 똑같이 식을 올리기를 거부하고 대신 노트르담 성당을 선택했다. 그 뒤 노트르담은 프랑스 문학에서도 중요한 위치를 차지하게 되는데, 1831년 빅토르 위고(Victor Hugo)가 『노트르담의 꼽추, Notre-Dame de Paris』를 출간하면서 더욱 유명해졌다. 또한, 고딕양식의 꽃이라 일컬어지는 만큼 건축물 그 자체로도 아름다워 미술가들에게도 영감을 주어 마티스(Henri Matisse), 피카소(Pablo Picasso), 루소(Henri Rousseau) 등이 노트르담을 주제로 한 많은 작품들을 남겼다.

L'apéritif

Caroline présente les «apéros géants» ! Un «apéro», savez-vous ce que c'est normalement ? C'est un apéritif : un moment, avant le déjeuner ou le dîner, où on boit un verre en grignotant des biscuits salés, des olives, des pistaches ... Mais depuis quelques années, on entend de plus en plus parler des «apéros géants», de très grands apéritifs qui se développent partout en France. Les médias parlent beaucoup de ces apéros géants. Les hommes et femmes politiques aussi. C'est un grand sujet de débat !

Gabrielle : Salut Caroline ! Dis donc, tu as regardé la télé ce week-end ? Tu as compris cette histoire d'apéros géants ?

Caroline : Euh, je n'ai pas regardé la télé mais je l'ai lu dans les journaux. C'est quelqu'un qui, sur Facebook, propose de faire un événement et il invite tous les gens à se retrouver dans une ville pour prendre un apéritif géant tous ensemble. Donc les gens viennent avec des bouteilles de vin ou de bière, et des gâteaux pour manger, et se retrouvent pour prendre l'apéritif tous ensemble. Il y a plein de monde et ça devient un apéro géant.

Gabrielle : D'accord, donc ils boivent dans la rue....

Caroline : Voilà, ils boivent dans la rue et parfois, ils boivent beaucoup ! D'ailleurs, la semaine dernière, il y a eu un apéro géant à Nantes. Les gens buvaient beaucoup et il y a eu un accident. En fait, un jeune qui avait certainement beaucoup bu est tombé d'un pont et les pompiers sont venus, mais le jeune homme est mort le lendemain, à l'hôpital.

Gabrielle : Ah oui, quand même ! Et toi, qu'est-ce que tu penses des apéros géants ?

Caroline : Je pense que c'est bien de rencontrer plein de gens, de pouvoir prendre un verre tous ensemble, de faire connaissance, de discuter. Mais le problème, c'est que souvent, les gens boivent trop et il y a souvent des accidents et des agressions. Je trouve que c'est dommage quand les gens ne peuvent plus se contrôler à cause de l'alcool.

1. 동사의 현재변화형

lire (lu)

je **lis**	nous **lisons**
tu **lis**	vous **lisez**
il **lit**	ils **lisent**

mourir (mort)

je **meurs**	nous **mourons**
tu **meurs**	vous **mourez**
il **meurt**	ils **meurent**

Il **lit** dans le journal qu'il pleut aujourd'hui.

Tu **as lu** sans difficulté plusieurs pages.

Vous faites des fautes. **Lisez** plus attentivement.

Je **meurs** de faim.

2. 복합과거의 의문문과 부정문

Vous êtes sorti hier ?

Est-ce que vous êtes sorti hier ?

Avez-vous aimé le film ?

Je n'ai pas bien dormi.

Elles ne se sont pas rencontrées depuis longtemps.

3. 관계대명사(pronom relatif)(1) : qui, que, où, dont

주절과 종속절이 선행사와 관계대명사를 매개로 연결되어 복문을 만든다.

⇨ **qui : 선행사가 관계절에서 주어 역할을 할 때**

J'ai un ami qui vient du Japon.

Je vois ta sœur qui arrive.

⇨ **que : 선행사가 관계절에서 직접목적어나 속사일 때**

La femme que je regarde porte une robe rouge.

C'est une route que je ne connais pas.

⇨ **où : 선행사가 장소나 시간을 나타내는 명사나 부사일 때**

La ville où je suis né est une petite ville.

Octobre, c'est le mois où les feuilles tombent.

⇨ **dont : de + 관계대명사(사람/사물) 일 때**

C'est la société dont je suis le directeur.

Voici mon fils dont je t'ai parlé.

⇨ **선행사가 사람이며 그 앞에 전치사가 붙을 때는 '전치사 + qui'를 사용한다.**

La fille s'appelle Sophie. Tu parles à la fille.

→ La fille à qui tu parles s'appelle Sophie.

Mots et expressions

시간 표현의 전치사

– dans : ～후에
Je pars en vancances dans 10 jours.

– il y a : ～전에
Mon fils est né il y a 1 mois.

– pendant : ～동안
Il a dormi pendant 7 heures.

– depuis : ～이래로
Il est malade depuis 8 jours.

Exercices

1. 부정문으로 바꾸시오.

1. J'ai écouté le dernier disque de Vanessa Paradis.

____

2. Nous sommes arrivés au début de la séance.

____

3. Hier, ma mère a téléphoné.

____

4. Ce matin, je me suis levé assez tôt.

____

2. qui, que 중 알맞은 관계대명사를 넣으시오.

1. L'enfant ___________ joue au cow-boy est mon fils.
2. Ce sont des gens _________ je ne connais pas bien.
3. Un chien est un animal ___________ garde la maison.
4. Les amis _________ vous attendez sont italiens ?

3. où, dont 중 알맞은 관계대명사를 넣으시오.

1. C'est le jouet _________ Céline a envie.
2. Je l'attends dans un bar ___________ il y a du soleil.
3. C'est un travail ___________ je suis content.
4. Le jour ___________ je suis né était un jeudi.

4. 보기와 같이 두 문장을 한 문장으로 만드시오.

〈보기〉 Une femme passe. Cette femme est brune.
→ La femme qui passe est brune.

1. J'aime ce livre. Ce livre est bien écrit.

____

2. C'est un livre. Ce livre est passionnant.

____

3. C'est la solution. Tout le monde parle de cette solution.

____

4. C'est la solution. Tout le monde préfère cette solution.

____

이웃축제

더 읽어보기

la fête des voisins

1999년 17구의원으로 선출된 앙타나즈 페리팡(Antanase Perifan)은 외로운 노인을 위한 구청 이웃 축제를 개최하였다. 이듬해인 2000년부터 〈아파트 축제〉라는 이름으로 5월 말쯤 열리는 국가 축제가 되고 2003년에는 유럽 전역으로 전파되었다.

축제의 방법도 소박하고 간단하다. 같은 아파트에 사는 사람들끼리 차나 저녁식사를 하는 시간을 갖는 것으로 아파트 주민들에게 미리 차나 먹을거리를 가져오도록 하고 정해진 날에 아파트의 공동장소에 테이블 하나만 펴면 되는 것이다. 대부분의 주민은 자기 집을 이웃에 개방하는 방식으로 참여한다. 도심에서는 모노프리와 같은 소매점과 관공서가 주민 잔치를 열기도 한다.

참가 구청들은 이웃축제 협회의 파트너로서 행사벽보, 티셔츠, 스티커, 초대장 등 재정적 지원을 하고 있다. 벽보나 초대장은 후원 은행이나 상점에 비치되어 있고 웹페이지(www.immeblesenfete.com)에서 다운받을 수 있다.

해가 거듭될수록 축제는 다양화되고 충실해지면서 작은 마을까지 동참하고 있다. 2012년 6월 1일 열린 13회 때는 944개 구청과 많은 후원회에서 700만 명 이상의 프랑스인이 참여하여 성황리에 축제를 마쳤다. 이웃 축제는 개인주의와 타인에 대한 두려움이 만연된 사회에서 함께 더 잘사는 사회를 만들고 이웃을 잘 알기를 바라는 마음에서 개최된 것이다. 같은 아파트에 살면서도 서로 모르고 지내는 일이 없도록 이웃과의 관계를 적극적으로 엮어나가자는 취지로 우리 도시를 지배하는 소외와 익명성을 없애고 공동체 의식을 발전시키며 이웃을 만나게 되는 좋은 기회라고 할 수 있다.

Sites touristiques

Deux jeunes Anglaises visitent la capitale française avec leur ami François, un jeune étudiant français. Il leur propose :

François : Pourquoi ne pas visiter le Quartier Latin ?

Jane : Bonne idée !

Quelques minutes plus tard, nos trois amis sont dans l'autobus 21.

François : Nous allons descendre à la station Luxembourg.

Jane : Le Luxembourg ? C'est un musée ?

François : Non, c'est un grand jardin auquel les parisiens tiennent beaucoup. Nous allons faire une belle promenade.

Ils veulent s'arrêter partout : à la fontaine, près des statues, sur les bancs.

François : Maintenant, nous allons descendre le ⟨Boul'Mich⟩...

Susan : Qu'est-ce que ça veut dire ?

François : Nous allons vers la Seine en suivant le boulevard Saint-Michel.

Jane : Ah ! Ici c'est un grand lycée : le lycée Saint-Louis.

François : Au Quartier-Latin, il y a beaucoup de lycées mais aussi des facultés parmi lesquelles la Sorbonne à notre droite. Elle a été fondée en 1253 par Robert de Sorbon pour enseigner la théologie.

Susan : Pourquoi le Quartier-Latin ?

François : Parce que c'est dans les écoles de ce quartier que les étudiants venaient faire leurs études en latin.

Jane : Et maintenant, où allons-nous ?

François : Vous êtes déjà allées au musée de Cluny ?

Jane : Non, pas encore.

François : Onze heures... Eh bien, nous avons le temps d'y aller.

Après la visite du musée, les deux Anglaises et leur guide parisien se dirigent
vers les quais de la Seine.

Susan : Oh, Notre-Dame, j'ai lu *Notre-Dame de Paris* de Victor Hugo. La plus
belle cathédrale du monde !

Jane : Ah ! Moi, je fais une photo de Notre-Dame. Et aussi des bouquinistes.

Susan : Dites, vous n'avez pas faim ?

François : Eh bien, où est-ce que vous préférez manger ? Dans un restaurant
grec, marocain ou italien ?

Finalement, ils entrent dans un restaurant italien. A deux heures de l'après-
midi, ils reprennent leur promenade à travers Paris.

1. 부정표현(2) : ne...pas / jamais / plus / rien / personne / aucun

Ce n'est pas grave.

Il n'y a pas de marché sur cette place.

Vous dites quelque chose ? - Non, je ne dis rien.

Vous écrivez toujours à Marie ? - Non, je ne lui écris jamais.

Vous fumez toujours ? - Non, je ne fume plus.

Vous cherchez quelqu'un ? - Non, je ne cherche personne.

Vous êtes déjà allé en France ? - Non, je ne suis pas encore allé en France.

                         - Non, je ne suis jamais allé en France.

Personne n'est parfait.

Rien n'existe.

Vous avez vu quelque chose ? - Non, je n'ai rien vu.

Vous avez une idée ? - Non, je n'ai aucune idée.

Il n'a aucun ami.

2. 관계대명사(2) : lequel 형

⇨ **전치사 + 관계대명사 형태로 사용되며 사람, 사물에 모두 사용될 수 있으나 성수 구별은 가능하다.**

	남성	여성
단수	lequel	laquelle
복수	lesquels	lesquelles

C'est un sujet sur lequel je réfléchis longtemps.

Tu vas voir plusieurs films parmi lesquels il y a un film coréen.

Ce sont mes lunettes sans lesquelles je ne vois rien.

⇨ **à와의 축약형 :** auquel, à laquelle, auxquels, auxquelles

C'est un tableau de Van Gogh auquel je m'intéresse beaucoup.

Paris est une ville à laquelle je suis très attaché.

Le parc près duquel j'habite s'appelle Montsouris.

C'est la ville médiévale à partir de laquelle la ville moderne s'est construite.

3. 관계대명사(3) : ce qui, ce que, ce dont

Lisez ce qui est écrit sur cette affiche.

Ecoutez bien ce que je vais dire.

Ce qui n'est pas claire n'est pas français.

C'est exactement ce dont j'ai besoin.

Mots et expressions

방향 표현

Pour aller au musée du Louvre s'il vous plaît ?

Allez tout droit.

Tournez à droite
       à gauche.

Prenez la première rue à gauche.

A votre droite, il y a une boulangerie.

Exercices

1. 부정문으로 바꾸시오.

    1. Elle comprend quelque chose.

    ____

    2. Il sourit tout le temps.

    ____

    3. Quelqu'un me répond.

    ____

    4. Vous avez réveillé quelqu'un.

    ____

2. 질문에 부정으로 답하시오.

    1. Vous avez déjà visité ce musée ?

    ____

    2. Il y a quelque chose à manger dans le frigo ?

    ____

    3. Tout le monde a applaudi ?

    ____

    4. Tu le vois toujours ?

    ____

3. '전치사 + 관계대명사'의 적당한 형태를 넣으시오.

    1. C'est une personne _______________ vous pouvez faire confiance.
    2. C'est la raison _______________ elle est partie.
    3. La solution _______________ tu penses est peut-être la pire.
    4. Ce sont des miracles _______________ je rêve depuis longtemps.

4. ce qui, ce que 중 하나를 넣으시오.

    1. _______________ m'intéresse actuellement, c'est l'histoire d'Art moderne.
    2. _______________ j'aime chez vous, c'est votre générosité.
    3. Fais _______________ tu veux !
    4. _______________ me plaît le plus chez Hugo, c'est son attitude galante.

Leçon 17

Appel de l'abbé Pierre Hiver 54

Mes amis, au secours...

Une femme vient de mourir gelée, cette nuit à trois heures, sur le trottoir du boulevard Sébastopol ; elle serrait sur elle le papier par lequel on l'avertissait de son expulsion.

Chaque nuit, ils sont plus de 2000 recroquevillés sous le gel, sans toit, sans pain, certains presque nus. Devant l'horreur, les cités d'urgence, ce n'est même plus assez suffisant !

Écoutez-moi : en trois heures, deux premiers centres de dépannage viennent de se créer : l'un sous la tente au pied du Panthéon, rue de la Montagne Sainte Geneviève ; l'autre à Courbevoie. Ils regorgent déjà, il faut en ouvrir partout. Ce soir même, dans toutes les villes de France, dans tous les quartiers de Paris, on devra accrocher des pancartes sous une lumière dans la nuit, à la porte de lieux où il y aura couvertures, paille, soupe, et où l'on lira ceci :

«CENTRE FRATERNEL DE DEPANNAGE

TOI QUI SOUFFRES,

ENTRE, DORS, MANGE.

REPREND ESPOIR, ICI ON T'AIME»

La météo annonce un mois de gelées terribles. Tout l'hiver, ces centres subsisteront ; devant ceux qui meurent de misère, une seule opinion doit exister entre les hommes : la volonté de rendre impossible que cela dure.

Je vous prie, aimons-nous assez tout de suite pour faire cela. Que tant de douleur nous redonne cette chose merveilleuse : l'âme commune de la France. Merci !

Chacun de nous peut venir en aide aux "sans abri". Il nous faut pour ce soir, et au plus tard pour demain :

· 5000 couvertures,

· 300 grandes tentes américaines,

· 200 poêles catalytiques

Déposez-les vite à l'hôtel Rochester, 92 rue de la Boétie. Ceux et celles qui sont volontaires pour le ramassage, rendez-vous ce soir à 23 heures, devant la tente de la montagne Sainte Geneviève.

Grâce à vous, aucune personne ne dormira ce soir sur l'asphalte ou sur les quais de Paris.

Merci !

Grammaire

1. 단순미래(futur simple)

1) 형태

⇨ **부정법의 « r » + –ai, –as, –a, –ons, –ez, –ont**

parler	Je parler-ai ...
choisir	Je choisir-ai ...
dire	Je dir-ai ...
mettre	Je mettr-ai ...

⇨ **특별한 어간**

être	Je **ser**ai	avoir	J'**aur**ai
aller	J'**ir**ai	faire	Je **fer**ai
venir	Je **viendr**ai	voir	Je **verr**ai
falloir	Il **faudr**a	savoir	Je **saur**ai
pouvoir	Je **pourr**ai	devoir	Je **devr**ai

2) 용법

Je partirai en vacances la semaine prochaine.

En mai prochain, le festival de Cannes aura lieu comme tous les ans.

Tu pourras passer un mois à Venise.

2. 부정형용사(adjectif indéfini)

⇨ **tout**

	단수	복수
남성	**tout** le texte	**tous** les textes
여성	**toute** la nuit	**toutes** les nuits

Cet été, il pleut tout le temps.

Hier j'ai travaillé toute la journée.
Il se lève à 7 heures tous les jours.

단수형은 한 집단을 구성하는 모든 구성원을, 복수형은 여러 집단을 가리킨다.
toute la famille vs toutes les familles

Check!

 tout는 부사로도 사용될 수 있다.

Elle est toute(=très) jeune.

⇨ chaque, quelques, plusieurs, certain(e)s
Ma mère me réveille chaque matin.
Elle m'a parlé quelques minutes avant le début de la leçon.
Je fais de la natation plusieurs fois par semaine.
Dans certains pays, il y a encore des régimes dictatoriaux.

3. 부정대명사(pronom indéfini)

동일한 어휘가 부정형용사와 부정대명사로 모두 사용되는 경우가 많다.

⇨ tout (tous, toutes)
Ne t'inquiète pas, tout va bien.
Les invités sont arrivés ? - Oui, ils sont tous[tus] là.
                            - Oui, tous sont là.

tout가 목적어로 사용된 경우 위치는 동사가 하나일 때는 동사 뒤지만 둘일 때는 두 동사 사이에 놓인다.
J'ai tout mangé.
Je veux tout voir.

⇨ chacun(e)
Chacun de nous peut venir en aide.
Chacun ses goûts !

시상 표현 동사

– aller + inf : 근접미래

Regarde le ciel ! Il va pleuvoir.

Quand je suis arrivé à la gare, le train allait partir.

– être en train de + inf : 진행

Je suis en train de travailler en ce moment.

Quand je suis entré, il était en train de lire.

– venir de + inf : 근접과거

Je viens de finir mon devoir.

Il y a longtemps que tu es là ? - Non, je viens d'arriver.

전치사 sans

Elle n'est pas encore arrivée. Partons sans elle.

On s'est quitté sans un mot.

Il sort toujours sans fermer la porte à clé.

Il pleut sans arrêt depuis hier soir.

Exercices

1. 동사를 단순미래형으로 만들어 넣으시오.

1. Vous _______________ vos amis dimanche ? (inviter)
2. Il y _______________ un train pour Paris ce soir. (avoir)
3. Nous _______________ le métro pour aller au Louvre. (prendre)
4. Tu _______________ à notre soirée. (venir)
5. Elle ne _______________ pas chez elle demain. (être)
6. Vous _______________ en France cet été ? (aller)
7. Je _______________ ce travail seul. (faire)

2. tout, toute, tous, toutes 중 하나를 넣으시오.

1. Elle raconte _______________ le temps la même histoire.
2. J'ai lu _______________ les romans de Tolstoï.
3. Il a passé _______________ une année en France.
4. _______________ sont venus.
5. Ils sont _______________ venus.
6. _______________ va bien chez toi ?
7. J'ai _______________ dit.
8. Il m'a invité au restaurant, un _______________ petit restaurant à deux places.

3. 해석하시오.

1. On est sans nouvelle d'eux depuis un mois.

____

2. Le chirurgien avait oublié ses ciseaux dans le ventre de son patient.

- Non, sans blague ! ____

3. Il est parti sans me laisser son adresse.

____

4. Il a été puni sans raison.

____

Fêtes

- Le 14 juillet

Léa : Tiens Théo, la semaine prochaine, c'est la fête nationale. Tu fais quoi d'habitude pour le 14 juillet ?

Théo : Euh, le 14 juillet ? J'ai passé plusieurs étés à travailler en centres de vacances, pour des enfants. Donc, souvent je suis en France, mais je suis parfois à l'étranger aussi. Quand on est en France, on essaie d'assister au feu d'artifice, parce que c'est traditionnel.

Léa : C'est la tradition pour le 14 juillet.

Théo : Oui, c'est traditionnel, il y a toujours un feu d'artifice dans tous les petits villages et les grandes villes de France. Quand j'étais petit, puisque c'étaient les grandes vacances, on n'avait pas d'école pendant deux mois, et on partait souvent à la campagne, donc on regardait à la télé le défilé du 14 juillet. On voyait passer tous les régiments de soldats, les uns après les autres. Quand on était petits, on trouvait ça marrant.

Léa : Et cette année, tu sais ce que tu vas faire ?

Théo : J'irai voir un feu d'artifice sur la Loire quand j'aurai fini mon travail.

Léa : Profites-en bien !

Théo : Bonne fête à toi aussi !

- Le Père Noël

Le mois de décembre est arrivé avec ses pluies, son froid. Il neige. Je marche vite, très vite, parce qu'il fait froid. Devant moi deux gosses marchent. Ils ont à peu près mon âge. Ils parlent du Père Noël, ce bonhomme qui viendra dans cinq jours avec son sac, avec ses jouets. Ils rient parce qu'ils sont très contents.

Moi aussi, j'ai cru à un Père Noël ! Pas longtemps. Un jour à peine. J'étais petit à ce moment-là. J'avais six ans.

Ce jour-là j'ai couru vers le bazar et j'ai regardé la vitrine. J'ai choisi des jouets et j'ai demandé au Père Noël de m'apporter quelque chose. Oh ! rien, presque rien mais quelque chose quand même. Et je l'ai remercié d'avance.

Et le soir, bien tard, quand mes parents dormaient, j'ai pris mes chaussures et je les ai posées devant la cheminée de la chambre de mes parents. Ce soir-là, j'ai dormi en faisant de beaux rêves.

Le lendemain, mon père ne m'a pas réveillé à sept heures. Je me suis levé quand même et je suis entré dans la chambre de mes parents. Ma mère dormait encore. Mon père n'était pas dans son lit. J'ai regardé dans la cheminée : mes chaussures n'y étaient plus.

Je suis descendu et j'ai vu mon père qui balayait la boutique. Je lui ai dit bonjour et je l'ai embrassé. Alors j'ai vu mes chaussures. Elles étaient vides. Mon père m'a dit :

- Ce matin c'est Noël, alors je me suis dit : je vais laisser le gosse au lit. Ah ! à propos, il y avait tes chaussures dans notre chambre, je ne sais pas pourquoi d'ailleurs, alors je les ai cirées. J'ai écouté tout cela le coeur serré et je me suis mis à pleurer. Et depuis, c'est avec haine que je pense au Père Noël qui n'est pas fait pour les pauvres.

Grammaire

1. 전미래 (futur antérieur)

1) 형태

⇨ avoir/être의 단순미래 + 과거분사

déménager → J'aurai déménagé

sortir → Ils seront sortis

2) 용법

⇨ 주절의 단순미래보다 선행하는 미래 사실

Quand je serai rentré, je dînerai.

Il achètera une voiture quand il aura eu son permis de conduire.

⇨ 특정 미래 시점(상황보어)보다 앞서 완료되는 사실

Attendez-moi, je serai revenu dans une demi-heure.

Nous aurons fini le cours avant midi.

2. 원인, 이유 표현의 접속사

⇨ parce que

Pourquoi est-il parti si vite ? - Parce que sa mère est gravement malade.

Mon ami ne vient pas au bureau parce qu'il est tombé malade.

Nous ne travaillons pas parce qu'il fait trop chaud.

⇨ puisque

Puisqu'il fait trop chaud, nous allons arrêter de travailler.

Puisqu'il fait très beau, on va se promener.

⇨ comme

Comme on est fatigué de marcher, il me propose d'aller s'asseoir.

⇨ car

Il n'a pas vu le cambrioleur car il faisait nuit.

3. 지시대명사(pronom démonstratif)

1) 형태

	단수	복수
남성	celui (-ci/-là)	ceux (-ci/-là)
여성	celle (-ci/-là)	celles (-ci/-là)
중성	ce, ceci, cela, ça	

2) 용법

C'est bon.

Fais ce qui te plaît ! Fais ce que tu veux !

Ceci est meilleur que cela.

J'ai acheté un livre intéressant pour toi. J'espère que cela(=ça) va te faire plaisir.

Check!

 ça는 원래 cela의 줄임말이지만 일부 관용 표현에서는 ça로만 사용된다.

Ça y est ?

Quel film préfères-tu ? - Je préfère celui de Godard.

Quelle chanson écoutes-tu ? J'écoute celle de Céline Dion.

Quel pull préfères-tu : celui-ci ou celui-là ?

Quels livres choisis-tu : ceux-ci ou ceux-là ?

4. 동사 devoir

Je **dois** finir ce travail aujourd'hui.

devoir (dû)	
je **dois**	nous **devons**
tu **dois**	vous **devez**
il **doit**	ils **doivent**

Il n'est pas venu. Il **doit** être malade.

Je vous **dois** combien ?

Exercices

1. 동사를 전미래 형태로 만들어 넣으시오.

    1. Dans 2 heures, il _____________ son déjeuner. (prendre)

    2. Téléphonez-moi quand vous ___________ la décision. (prendre)

    3. Quand tu arriveras, je ___________ loin. (partir)

    4. Tu viendras chez moi quand tu ___________ ton travail. (terminer)

2. 질문에 〈보기〉와 같이 답하시오.

> 〈보기〉 On va au cinéma. Puis on fait les courses ?
> → Non, on ira au cinéma quand on aura fait les courses.

    1. On joue. Puis on fait les devoirs ?

    ____

    2. Nous nous reposons. Puis nous faisons une randonnée à pied ?

    ____

    3. Tu fais le tour du monde. Puis tu réussis ton bac ?

    ____

    4. Nous sortons. Puis nous ferons le ménage ?

    ____

3. parce que, puisque 중 가장 적절한 것을 넣으시오.

    1. _____________ ce n'est pas grave, on n'appelle pas la police.

    2. On entendait bien l'orateur _____________ il parlait très haut.

    3. _____________ vous l'avez déjà vu, allons voir un autre film !

    4. Pourquoi tu as mal aux yeux ?

      - _____________ je regarde trop la télévision.

4. 적당한 형태의 지시대명사를 넣으시오.

1. Je suis prêt à accepter tout ___________ que vous voudrez.

2. L'image du coq est souvent liée à ___________ de la France.

3. Ce pantalon ne va pas avec tes chaussures. Mets ___________ -là.

4. Tu veux cette robe ? - Non, je préfère ___________ -ci.

크리스마스 음식

프랑스의 법정공휴일 중 절반이 넘는 날이 기독교에 기원을 두고 있다. 그 중 가장 중요한 축제가 크리스마스(Noël)이다. 프랑스어로 크리스마스를 뜻하는 Noël은 '생일'을 의미하는 라틴어 natalis dies에서 유래한다. 크리스마스는 종교, 인종, 국가를 초월하여 세계에서 가장 유명한 축제이며, 이는 프랑스에서도 마찬가지이다. 크리스마스가 다가오면 12월 한 달간 파리 시내의 백화점들은 개점시간을 저녁 늦게까지 연장하고 휴일에도 문을 연다. 또한 샹젤리제 등 파리의 유명한 거리들은 화려한 빛을 밝히며 크리스마스 분위기를 돋운다.

프랑스인들이 크리스마스와 연초에 즐겨먹는 가장 대표적인 음식으로는 '푸아그라'(foie gras)가 있다. 푸아그라는 거위 간을 이용해 만든 요리로 캐비어(caviar), 트뤼프(truffe, 버섯의 일종)와 함께 세계 3대 진미의 하나로 꼽힌다. 프랑스에서도 알자스(Alsace)지방이 대표적인 산지인데, 오래전에 알자스로 이주한 유대인이 거위와 오리를 키우다가 개발한 요리라고 한다. 푸아그라는 '비대한 간'이란 뜻으로 거위나 오리에게 강제로 사료를 먹여 간을 크게 만드는 것이다.

매년 12월이 되면 프랑스의 제과점(pâtisserie)에는 나무 장작모양의 케이크가 매장을 가득 채운다. 이 케이크가 바로 프랑스인들이 크리스마스 때 즐겨 먹는 '뷔슈 드 노엘'(Bûche de Noël)이다. 뷔슈는 '장작'이라는 뜻의 프랑스어로 주로 땔감으로 이용되는 나무를 말한다. 장작모양의 케이크를 먹는 이 풍습은 나무 장작이 크리스마스부터 새해까지 꺼지지 않고 잘 타면 다가올 1년간 재앙과 악령으로부터 가족들을 지킬 수 있다는 프랑스의 샤랑트(Charentes) 지방의 옛 전통에서 시작되었다. 또한, 크리스마스가 되면 밤을 설탕에 절여 만든 '마롱 글라세'(marron glacé)를 많이 볼 수 있다. 밤을 설탕에 절여 얼음처럼 얇고 투명하게 옷을 입힌 것을 말하는데 크리스마스에 귀하게 주고받는 간식거리이다.

 À la banque

1.

La cliente : Bonjour, je viens pour ouvrir un compte-chèque. Je voudrais déposer 100 euros en espèces. Ça suffira ?

L'employée de banque : Pas de problème, madame. Il n'est même pas nécessaire de faire un dépôt pour ouvrir un compte. En revanche, je vais vous demander une pièce d'identité et un justificatif de domicile.

La cliente : Très bien et pour le justificatif de domicile, une quittance de loyer, ça va ?

L'employée de banque : Oui, bien sûr. Vous me la donnez ?

La cliente : Ah zut, je m'aperçois que j'ai oublié ma carte d'identité.

L'employée de banque : Dans ce cas, vous devrez revenir. Mais on va quand même commencer à remplir les papiers.

La cliente : D'accord.

2.

Le client : Je voudrais me renseigner sur les possibilités d'emprunt pour l'achat d'un logement.

L'employée de banque : C'est un logement qui serait dans quel prix ?

Le client : 600 000 euros.

L'employée de banque : Et vous voudriez emprunter combien ?

Le client : 500 000 euros.

L'employée de banque : Vous pourriez me rappeler votre numéro de compte ?

Le client : 103 402 C

L'employée de banque : Je vois que vous avez 100 000 euros sur un compte épargne-logement et 50 000 euros sur un compte épargne. C'est tout ?

Ce sera ça votre apport ?

Le client : Ben oui...

L'employée de banque : Vous gagnez combien par mois ? Enfin, vos revenus nets...

Le client : A peu près 4 000 euros.

L'employée de banque : Alors ça ne va pas être possible. Avec votre compte épargne-logement, vous pouvez avoir un prêt de 150 000 euros. Compte tenu de votre revenu, je pourrai doubler cette somme mais pas davantage.

Le client : Alors quelle est la solution ?

L'employée de banque : Bon, et bien, écoutez. Attendez un petit peu... Vous devriez faire des économies pour avoir un apport initial plus important. Et vous devriez peut-être chercher quelque chose de moins cher.

1. 조건법(conditionnel)(1) : 현재

1) 형태

⇨ 직설법 단순미래 어간 + 반과거 어미(–ais, –ais, –ait, –ions, –iez, –aient)

choisir (choisi)		écrire (écrit)	
je choisir**ais**	nous choisir**ions**	j' écrir**ais**	nous écrir**ions**
tu choisir**ais**	vous choisir**iez**	tu écrir**ais**	vous écrir**iez**
il choisir**ait**	ils choisir**aient**	il écrir**ait**	ils écrir**aient**

avoir - j'**aur**ais   être - je **ser**ais   pouvoir - je **pourr**ais

2) 용법

⇨ 현재에 대한 가정

Check!

 si + 반과거, 조건법 현재

Si j'avais des vacances, je partirais en voyage.
Si j'avais de l'argent, je changerais de voiture.

⇨ 확인되지 않은 사실

Le président devrait se rendre à Paris.

⇨ 공손한 표현 (요청, 충고, 의지, 제안, 욕구 등)

Je voudrais un renseignement.
Vous devriez boire beaucoup d'eau.
Pourriez-vous m'expliquer où est la gare ?

⇨ 과거에서 본 미래

Il m'a dit : "Pierre prendra l'autobus".
→ Il m'a dit que Pierre prendrait l'autobus.

Il a dit : "J'écrirai cette lettre".
→ Il a dit qu'il écrirait cette lettre.

2. 보어인칭대명사의 어순

보어인칭대명사가 둘일 때는 단순히 직접-간접, 간접-직접의 순서가 아니라 아래 표와 같은 순서로
배열된다.

주어 (ne)	me (m') te (t') nous vous se	le (l') la (l') les	lui leur	동사 (pas)

Gilles t'a donné le billet ? - Oui, il me l'a donné.
Vous avez donné le billet à Gilles ? - Oui, je le lui ai donné.
        - Non, je ne le lui ai pas donné.

3. 명령문에서의 보어인칭대명사 위치

⇨ **긍정명령문**
보어인칭대명사는 동사의 뒤에 놓이며 동사와 사이에 '-'를 쓴다.
Fais-le !
Allons-y !

me, te는 moi, toi로 바뀐다.
Regarde-moi !
Assieds-toi !

보어인칭대명사가 둘일 경우는 '직접 + 간접'의 순서로 배열된다.
Donne-le-moi ! (직접 + 간접)
Donne-le-lui ! (직접 + 간접)

⇨ **부정명령문 : 평서문에서와 동일한 순서.**
Ne t'inquiète pas !
Ne me le donne pas ! (간접 + 직접)
Ne le lui donne pas ! (직접 + 간접)

4. 전치사 + 의문사

A qui pensez-vous ?

Avec qui voyagez-vous ?

De qui parlez-vous ?

Tu penses à quoi ?

De quoi est-ce que vous parlez ?

Cette veste est en quoi ?

Il vient d'où ?

Depuis quand êtes-vous en France ?

Exercices

1. 주어진 동사의 조건법 현재형을 넣으시오.

    1. Tu ______________ finir ton travail demain ? (pouvoir)

    2. Vous ______________ vous faire couper les cheveux. (devoir)

    3. Nous ______________ être à la montagne. (aimer)

    4. Je ______________ aller à la gare. (vouloir)

2. 보기와 같이 문장을 바꾸시오.

> 〈보기〉 J'ai dit : "Je resterai chez mes parents".
> → J'ai dit que je resterais chez mes parents.

    1. Nous avons dit : "Nous nous reverrons en été".

    ____

    2. Elle m'a dit : "Tout ira bien".

    ____

    3. On a dit : "Il y aura un train pour Nice ce soir".

    ____

    4. Il a écrit : "Pierre reviendra à Paris."

    ____

3. 보기와 같이 문장을 만드시오.

> 〈보기〉 être sur la Lune / voir la Terre (je)
> → Si j'étais sur la Lune, je verrais la Terre.

    1. Habiter à la campagne / avoir un chien (je)

    ____

2. Faire de la gymnastique / être en forme (vous)

____

3. Prendre des vacances / ne pas être fatigué (nous)

____

4. Avoir un chien / le sortir souvent (tu)

____

4. 밑줄부분을 보기와 같이 보어인칭대명사로 바꾸어 쓰시오.

〈보기〉 Vous conseillez <u>ce livre à vos élèves</u>.
　　　 → Vous le leur conseillez.

1. On demande <u>le numéro de téléphone à notre professeur</u>.

____

2. Tu as envoyé <u>la carte postale à ton père</u>.

____

3. J'ai prêté <u>mes livres à mon amie</u>.

____

4. Je n'ai pas envie d'aller <u>à l'école</u>.

____

Histoire de France

- Mai 68

On désigne ainsi le vaste mouvement de contestation qui s'est exprimé par des manifestations, puis par des émeutes de rues déclenchées par les étudiants. Par la suite, le mouvement s'est généralisé. Les syndicats ouvriers ont lancé une grève générale. Les usines et les universités ont été occupées. Les étudiants voulaient changer le monde. On lisait sur les murs les slogans «L'imagination au pouvoir», «soyons réalistes, demandons l'impossible». Les ouvriers, eux, voulaient des augmentations de salaires qu'ils ont obtenues. Le régime du général de Gaulle, un instant menacé, a réussi à obtenir une victoire écrasante aux élections législatives qui ont eu lieu après la dissolution de l'Assemblée Nationale.

Pendant tout le mois de mai 1968, la France a connu une grande révolte des étudiants et une grève générale des travailleurs qui a paralysé le pays :

- En 1968, un étudiant explique pourquoi les universités se révoltent :

«On se révolte parce qu'on veut changer l'université et la société. On ne veut plus que l'université fabrique des professeurs qui vont sélectionner les meilleurs ou des patrons qui vont exploiter les ouvriers. On en a assez de ces professeurs qui nous traitent comme des enfants, qui décident de tout sans nous demander notre avis. Les examens pour sélectionner les meilleurs, ce n'est pas notre choix, c'est le leur.

On veut que l'université soit ouverte à tout le monde. On veut une université qui ne soit pas seulement réservée aux enfants de la bourgeoisie. Certains professeurs ne respectent pas assez les élèves. Il faut que les relations entre professeurs et étudiants changent. Quand les professeurs respectent les élèves, les élèves les respectent aussi.»

- En 1968, un ouvrier explique pourquoi il fait grève :

«On fait grève parce qu'on pense qu'on mérite un meilleur salaire. Vous savez, quand on voit les bénéfices que font les entreprises, et bien, on mérite d'en avoir une partie. C'est scandaleux, les salaires qu'on a ! Alors on demande une augmentation de salaire et une diminution des heures de travail. Et puis, on voudrait aussi que dans les entreprises, toutes les grandes décisions soient prises avec les syndicats, que les patrons ne prennent pas ces décisions seuls, sans écouter les syndicats et sans discuter avec eux.»

1. 접속법(subjonctif) (1)

1) 형태

⇨ **직설법 현재의 3인칭 복수 어간 + –e, –es, –e, –ions, –iez, –ent**

parler			finir	
je parl**e**	nous parl**ions**		je finiss**e**	nous finiss**ons**
tu parl**es**	vous parl**iez**		tu finiss**es**	vous finiss**iez**
il parl**e**	ils parl**ent**		il finiss**e**	ils finiss**ent**

dire			sortir	
je dis**e**	nous dis**ions**		je sort**e**	nous sort**ions**
tu dis**es**	vous dis**iez**		tu sort**es**	vous sort**iez**
il dis**e**	ils dis**ent**		il sort**e**	ils sort**ent**

⇨ **특별한 경우**

avoir			aller	
j'**aie**	nous **ayons**		J'**aille**	nous **allions**
tu **aies**	vous **ayez**		tu **ailles**	vous **alliez**
Il **ait**	ils **aient**		il **aille**	ils **aillent**

être			faire	
je **sois**	nous **soyons**		je **fasse**	nous **fassions**
tu **sois**	vous **soyez**		tu **fasses**	vous **fassiez**
il **soit**	ils **soient**		il **fasse**	ils **fassent**

vouloir	je veuille
savoir	je sache
pouvoir	je puisse

2) 용법 : 특정 동사, 형용사 뒤의 que 절에서

vouloir, regretter, craindre, douter, redouter, souhaiter, aimer, demander, ordonner, désirer, exiger, refuser

Je voudrais que tu viennes avec moi.
Elle regrette qu'il parte.
Je crains qu'il ne soit pas très sympathique.
Ils doutent que tu sois compétent.
Nous redoutons qu'il (ne) parte.
J'aimerais bien qu'il vienne.
cf) J'espère qu'il réussira.
Je pense qu'il va partir. / Je ne pense pas qu'il parte.
Je crois qu'elle viendra. / Je ne crois pas qu'elle vienne.

Je suis content que tu sois là.
C'est dommage que tu ne fasses pas ces études.
Il est possible qu'il vienne.
Il est nécessaire que je travaille.

Check!

확실성을 표현하는 sûr, certain같은 형용사는 종속절에 직설법을 사용한다. 그러나 이 경우도 주절이 부정문이나 의문문일 때는 접속법을 사용하는 것이 원칙이다.

Je suis sûr qu'il réussira.
Je ne suis pas sûr qu'il réussisse.
cf) Il est probable qu'il réussira.
Il est (improbable, peu probable) qu'il réussisse.

Il faut que je parte aujourd'hui.
Il vaut mieux que vous partiez aujourd'hui.

2. 감탄문

Quel beau temps !
Quelle surprise !

Comme c'est gentil !
Que cette époque est heureuse !

3. 과거분사의 일치

Marie est montée dans l'avion.
Sophie et Gilles sont allés en vacances.

Sophie s'est couchée.
Les enfants se sont levés tôt.

se가 간접목적어일 때는 일치시키지 않으며 se faire도 일치시킬 수 없다.
Elles se sont parlé.
Elle s'est fait mal.
Elle s'est fait opérer.

Cette voiture, je l'ai achetée le mois dernier.
La voiture que j'ai achetée est le dernier modèle.
Quelle voiture est-ce que vous avez achetée ?

4. 소유대명사(pronom possessif)

1) 형태

소유주 ＼ 피소유물	단수		복수	
	남성	여성	남성	여성
je	le mien	la mienne	les miens	les miennes
tu	le tien	la tienne	les tiens	les tiennes
il/elle	le sien	la sienne	les siens	les siennes
nous	le nôtre	la nôtre	les nôtres	les nôtres
vous	le vôtre	la vôtre	les vôtres	les vôtres
ils/elles	le leur	la leur	les leurs	les leurs

2) 용법

Ce n'est pas ta faute, c'est la mienne. (= ma faute)

Ce livre est à Sophie ?

- Oui, c'est le sien.

Ces livres sont à ces étudiants ?

- Oui, ce sont les leurs.

Ce livre est à ces étudiants ?

- Oui, c'est le leur.

Exercices

1. 주어진 동사를 적당한 형태로 만들어 넣으시오.

1. Tu veux que j'y ________? (aller)

2. Je regrette que la voiture _________ tombée en panne. (être)

3. J'aimerais que mon mari _________ de fumer. (arrêter)

4. Il est certain qu'il _________ aujourd'hui. (partir)

5. J'espère que tu lui _________ que tu es bien élevé. (montrer)

2. 주어진 어휘를 사용하여 감탄문을 만드시오.

1. Je suis très content. (comme)

____

2. C'est très dommage. (quel)

____

3. Il pleut à verse. (quel)

____

4. Elle est vraiment gentille. (comme)

____

3. 밑줄 부분을 직접보어대명사로 바꾸어 문장을 다시 쓰시오.

1. Nous avons écouté <u>ces disques</u>.

____

2. Elle a fait <u>la fondue</u>.

____

3. Le père a réveillé <u>ses fils</u>.

____

4. J'ai vu <u>ces photos</u>.

____

  5. J'ai acheté <u>cette voiture</u> la semaine dernière.

____

4. 보기와 같이 질문에 답하시오.

> 〈보기〉 Ce stylo est à Julie ? → Oui, c'est le sien
> → Non, ce n'est pas le sien.

1. Ces livres sont aux étudiants ?
→ Oui, _______________________________________.
2. Cette voiture est à ton père ?
→ Non, _______________________________________.
3. Ce chapeau est à ce monsieur ?
→ Oui, _______________________________________.
4. Ces lunettes sont à ce client ?
→ Non, _______________________________________.

L'éducation en France : publique et laïque

1.

Louise : Tu as vu ? Hier, il y avait une grande manifestation à Paris pour la défense de l'école privée. 1 400 000 personnes ! On n'avait jamais vu ça.

Alain : Ben oui, je les comprends. Je ne vois pas pourquoi le gouvernement veut qu'il n'y ait qu'une école : l'école publique.

Louise : Mais enfin, c'est l'école publique qui a fait notre pays. D'abord, elle est gratuite. Tout le monde y a droit. Ensuite, à l'école publique, le fils du pharmacien ou de l'avocat est assis à côté de la fille de l'ouvrier. Et ça, c'est un bon apprentissage de la société.

Alain : C'est possible. Mais qu'est-ce que tu fais de la liberté ? Si moi, par exemple, j'ai envie que mes enfants soient bilingues. A l'école publique, il n'y a pas d'enseignement bilingue.

Louise : Ça, ça fait une école pour les élites, pour les riches, et une école pour les pauvres. Je ne suis pas d'accord.

Alain : Et si j'ai envie que mes enfants aient une éducation religieuse ?

Louise : Alors là, je suis encore moins d'accord. Tout le monde a le droit d'avoir sa religion et donc une éducation religieuse mais en dehors de l'école. Et tu sais pourquoi ? Parce que sinon, il n'y aura plus d'unité nationale. Il y aura des groupes qui ne se comprendront pas. Notre école publique est laïque. Tout le monde peut y aller. Mais on ne parle ni de religion, ni de politique. Ça produit un peuple qui a quelque chose en commun et qui a appris les mêmes choses. C'est ça qui fait l'unité d'un pays.

2.

Clara : Moi, je ne suis pas d'accord pour que les jeunes filles de religion
musulmane portent le voile à l'école. A leur place, j'aurais quitté le voile
en entrant à l'école.

Enzo : Et pourquoi ?

Clara : Parce que notre école est laïque. On ne doit pas y parler de religion.

Enzo : Mais en portant le voile, elles ne parlent pas de religion. Elles portent
un signe de leur religion. C'est comme si tu interdisais aux catholiques
de porter une croix.

Clara : Ce n'est pas pareil. La croix, ça ne se voit pas. Le voile, c'est trop visible.
Elles montrent trop leur différence. Et quand on montre sa différence, ça
me gêne. Parce que, inévitablement, ça sépare les gens.

Enzo : Tout ça, c'est peut-être seulement une question d'habitude. Ça te choque
parce que c'est nouveau. Il y a 5 millions de musulmans en France.
L'islam est la deuxième religion de France. Tu ne peux pas aller contre
ça.

Clara : Oui, c'est ce à quoi il faudra que je m'habitue.

1. 조건법(conditionnel) (2) : 과거

1) 형태
⇨ avoir/ être 조건법 현재 + 과거분사

	현재	과거
aimer	j'aimerais vous aimeriez	j'aurais aimé vous auriez aimé
vouloir	je voudrais vous voudriez	j'aurais voulu vous auriez voulu

2) 용법
⇨ 과거에 대한 가정

Check!

 Si + 대과거, 조건법 과거

Si je n'étais pas parti en retard, je n'aurais pas raté l'avion.

⇨ 확인되지 않은 사실

L'inondation aurait fait deux cents victimes.

⇨ 후회, 충고

J'aurais aimé parler plusieurs langues.
J'aurais dû faire des économies.
A votre place, je n'aurais pas refusé ce poste.

2. 현재분사(participe présent)

1) 형태
⇨ 직설법 현재형의 1인칭 복수 변화형에서 –ons를 제외한 앞부분 + –ant

parler : parl (nous parl-ons) + ant → parlant
faire : fais (nous fais-ons) + ant → faisant
venir : ven (nous ven-ons) + ant → venant

être → étant

avoir → ayant

savoir → sachant

2) 용법

On cherche l'étudiant parlant(=qui parle) le français le mieux.

Connaissant bien la ville, je peux servir de guide à ces étrangers.

Le professeur ayant fini de parler, les élèves peuvent lui poser des questions.

3. 제롱디프(gérondif)

1) 형태

nous faisons → en faisant (1인칭 복수어간 + -ant)

nous écoutons → en écoutant

nous mangeons → en mangeant

être → en étant

avoir → en ayant

savoir → en sachant

2) 용법 : 수단, 방법, 동시성, 원인, 조건 등

En écoutant la radio, on peut apprendre beaucoup d'informations.

Ne buvez pas en mangeant.

Elle bavardait et je riais en l'écoutant.

Tu as réussi en travaillant beaucoup.

En suivant un régime, vous avez réussi à maigrir.

En admettant que la production annuelle d'un pays(PIB) soit le meilleur indice de richesse, la France se place au 8e rang des puissances mondiales.

4. 전치사 + 관계대명사 qui/quoi

⇨ 전치사 + qui

C'est un ami à qui je prête mes livres.
C'est quelqu'un en qui on peut avoir confiance.

⇨ 전치사 + quoi

C'est quelque chose à quoi je n'ai jamais pensé.
Voilà ce pour quoi il a osé dire la vérité.
관계대명사 quoi는 선행사가 중성대명사일 경우에만 사용한다.

Mots et expressions

부정어 ni … ni

Je n'ai ni familles ni ami.
Le professeur n'est ni gentil ni méchant.
On ne parle ni de religion, ni de politique.
Ce garçon ne sait ni lire ni écrire.

Exercices

1. 〈보기〉처럼 조건법 과거구문으로 바꾸시오.

> 〈보기〉 Il est arrivé trop tard donc il n'est pas allé au cinéma.
> → S'il était arrivé plus tôt, il serait allé au cinéma.

1. Je n'avais pas d'argent donc je ne suis pas parti en voyage.

____

2. Il n'avait pas de voiture donc il n'est pas venu me chercher.

____

3. Hier, il a plu toute la journée donc nous n'avons pas pu sortir.

____

4. Je ne suis pas allé à la plage parce qu'il y avait du vent.

____

5. Je ne t'ai pas appelé parce que j'ai perdu ton numéro.

____

2. 밑줄 부분을 현재분사로 바꾸시오.

1. C'est un film <u>qui représente</u> la réincarnation.

____

2. C'est un sportif <u>qui a</u> un très haut niveau technique.

____

3. Comme ma mère <u>est</u> malade, je suis resté à la maison.

____

4. C'est un candidat <u>qui sait</u> parfaitement le français.

____

3. 밑줄 부분을 제롱디프로 바꾸시오.

1. <u>Boire son café</u>, elle me parlait de ses malheurs.

____

2. Je suis tombé <u>descendre l'escalier</u>.

____

3. <u>Faire la queue</u> les femmes se parlaient.

____

4. <u>Répondre à la question du professeur</u> je me suis trompé et ensuite je me suis

corrigé.

____

4. 적당한 '전치사 + 관계대명사'를 넣으시오.

1. L'homme ___________________ j'ai discuté hier est le patron de mon entreprise.
2. C'est quelque chose ___________________ vous devez être attentif.
3. Ma femme veut acheter cette maison ancienne ________________ je m'oppose.
4. Le vase ___________________ je tenais beaucoup est cassé.

바칼로레아

Baccalauréat

프랑스는 매년 6월 우리나라의 수능시험에 해당하는 대학입학자격시험 '바칼로레아'를 실시한다. 이 시험에 합격하면 바슈리에(bachelier)라는 칭호와 함께 프랑스에 있는 일반대학(universités)에 등록할 수 있다. 바칼로레아는 줄여서 박(BAC)이라고 부르며, 1808년 나폴레옹 법령에 의해 처음 제정되었다. 이후 거의 2세기 동안 시험방식이 일관되게 유지되어 프랑스 국민들의 철학적 사고와 논리적 표현 능력의 상징이 되었다.

일반적으로 바칼로레아는 크게 어문학분야(L계열), 경제사회분야(ES계열), 과학수학분야(S 계열)로 나뉘며, 여기에 여러 종류의 기술계 바칼로레아와 직업 바칼로레아가 추가된다. 바칼로레아의 시험과목으로는 우선 3계열 공통과목이 있고, 여기에 각 계열별로 선택과목이 추가된다. 공통과목에는 프랑스어, 영어, 역사 및 지리, 수학, 철학이 포함된다. 프랑스에서 바칼로레아는 중등교육과정을 마쳤다는 졸업장인 동시에 고등교육의 학위 취득을 향한 관문으로 사회진출을 위해서 필수적인 요건이라고 할 수 있다.

프랑스의 고등교육기관은 크게 일반대학과 그랑제콜(Grandes Ecoles)로 나뉜다. 바칼로레아를 통과하면 점수와는 무관하게 일반대학에 등록할 수 있지만 그랑제콜 등에 진학하기 위해서는 합격여부뿐만 아니라 점수도 고려되기 때문에 좋은 성적으로 바칼로레아를 통과하는 것이 중요하다. 프랑스에는 80여 개의 일반대학이 있는데(파리의 경우, 파리 1대학에서 파리 13대학까지 있음) 우리나라의 종합 대학 체제가 아니며, 하나 또는 여러 개의 단과대학군으로 구성되어 있다. 그랑제콜은 실무에 필요한 전문 지식을 중시하는 교육 기관으로 정부의 고급 관리들이 이 학교를 통해 양성된다. 보통 입학시험이 매우 까다롭고 대학 중의 대학으로 불리며 이른바 엘리트 교육을 담당하는 교육 기관이다.

Nicolas et Louisette

Ce matin maman m'a dit : «Nicolas, Madame Petit viendra prendre du thé avec sa petite fille. Tu seras gentil avec Louisette. C'est une charmante petite fille et je veux que tu lui montres que tu es bien élevé».

Quand maman veut montrer que je suis bien élevé, elle me fait mettre mon costume bleu et une chemise blanche et j'ai l'air d'un guignol. Moi, je n'aime pas les filles. Elles sont bêtes, elles ne savent jouer qu'à la poupée et à la marchande et elles pleurent tout le temps. Bien sûr, moi aussi je pleure quelquefois, mais c'est pour des choses graves. A quatre heures, l'amie de maman est venue avec sa petite fille. L'amie de maman m'a embrassé et m'a dit : «Voilà Louisette». Louisette et moi, nous nous sommes regardés. Elle avait des cheveux jaunes, des yeux bleus, un nez et une robe rouges. Maman a servi le thé et ça, c'était très bien parce que, quand il y a du monde pour le thé, il y a des gâteaux au chocolat et on peut en reprendre deux fois.

Quand on a fini, maman a dit : «Maintenant, les enfants, allez vous amuser. Nicolas, emmène Louisette dans ta chambre et montre-lui tes beaux jouets». Louisette et moi, nous sommes allés dans ma chambre et là, j'ai pris mes livres dans le placard et je les ai donnés à Louisette, mais elle ne les a pas regardés et elle les a jetés par terre. «Ça ne m'intéresse pas, tu n'as pas quelque chose de plus rigolo ?» Et puis elle a regardé dans le placard et elle a vu mon avion rouge qui vole. «Laisse ça, ce n'est pas pour les filles, c'est mon avion» et j'ai essayé de le reprendre, mais Louisette s'est exclamée : «Je suis l'invitée, j'ai le droit de jouer avec tous tes jouets et si tu n'es pas d'accord, j'appelle ma maman et on verra qui a raison», et elle a lancé l'avion et l'avion est parti. «Regarde ce que tu as fait. Mon avion est perdu !» et je me suis mis à pleurer. «Ton avion n'est pas perdu, a dit Louisette, regarde, il est tombé dans le jardin, on n'a qu'à aller le chercher».

Dans le jardin, j'ai ramassé l'avion, qui n'avait rien, heureusement, et Louisette m'a dit : «Qu'est-ce qu'on fait ?» «Je ne sais pas, moi. Je n'ai pas de jouets, ici. Sauf le ballon de football, dans le garage». Louisette m'a dit que ça, c'était une bonne idée. On est allé chercher le ballon. «Tu te mets entre les arbres, m'a dit Louisette, et tu essayes d'arrêter le ballon». Là, elle m'a fait rire Louisette et puis elle a pris de l'élan et boum ! Un shoot terrible. Je n'ai pas pu arrêter la balle et elle a cassé la vitre de la fenêtre du garage. Les mamans sont sorties de la maison en courant. Ma maman a vu la fenêtre du garage et elle a compris tout de suite. «Nicolas, au lieu de jouer à des jeux brutaux, tu devrais t'occuper de tes invités, surtout quand ils sont aussi gentils que Louisette !» Moi, j'ai regardé Louisette. Elle était plus loin, dans le jardin, en train de sentir des bégonias. Le soir, j'ai été privé de dessert, mais ça ne fait rien, elle est chouette, Louisette, et quand on sera grand, on se mariera. Elle a un shoot terrible !

D'après «Le Petit Nicolas» de Sempé et Goscinny

Grammaire

1. 간접화법(discours indirect)

Il dit : «Le cours commence à 9 heures.»

→ Il dit que le cours commence à 9 heures.

Qu'est-ce que tu fais ? → Il demande ce que tu fais.

Qu'est-ce qui se passe ? → Il demande ce qui se passe.

Tu es content ? → Il demande si tu es content.

Où habitez-vous ? → Il demande où vous habitez.

Quand partez-vous en vacances ? → Il demande quand vous partez en vacances.

Comment partez-vous ? → Il demande comment vous partez.

Il lui dit : «Sortez !» → Il lui dit de sortir.

Il a dit : «Je travaille à Paris.»

→ Il a dit qu'il travaillait à Paris.

Il a dit : «J'ai travaillé à Paris.»

→ Il a dit qu'il avait travaillé à Paris.

Il a dit : «Je vais travailler à Paris.»

→ Il a dit qu'il allait travailler à Paris.

Il a dit : «Je travaillerai à Paris.»

→ Il a dit qu'il travaillerait à Paris.

2. 사역동사와 지각동사

Je vois Paul courir.

Il voit le train arriver. → Il le voit arriver.

J'entends le téléphone sonner. → Je l'entends sonner.

On me laisse partir.

On laisse jouer les enfants.

On fait visiter le Louvre à Jean.

On fait venir Jean. → On le fait venir.

3. 중성대명사를 수식하는 형용사

quelque chose de rigolo

quelque chose de plus intéressant

quelque chose de bien

rien d'intéressant

rien de mieux

Il y a quelqu'un d'autre.

Ça ne m'intéresse pas, tu n'as pas quelque chose de plus amusant ?

Je n'aime pas ce livre, je n'y trouve rien d'intéressant.

Il est très sérieux, il ne raconte jamais rien de rigolo.

J'achète ce sac, je ne vois rien de mieux.

4. 동사 sentir와 se sentir

je **sens**	nous **sentons**
tu **sens**	vous **sentez**
il **sent**	ils **sentent**

Je sens le danger.

Elle est en train de sentir les bégonias.

Ça sent le brûlé. Zut ! Mon pain grillé est tout noir !

se sentir는 sentir의 대명동사형이지만 의미에 상당한 차이가 있다.
Je me sens tout à fait calme à présent.
Vous vous sentez comment ?
Je me sens bien.

Exercices

1. 간접화법구문으로 바꾸시오.

1. Il dit : "J'habite à Séoul."

____

2. Il me demande : "Tu es libre pour le déjeuner ?"

____

3. Il m'a demandé : "Qu'est-ce que tu fais cet été ?"

____

4. Il demande : "Tu es prêt ?"

____

5. Il dit : "Restez !"

____

6. Il a dit : "Je l'ai rencontré à Paris."

____

7. Il demande : "Il va rentrer quand ?"

____

8. Elle a dit : "Je suis en train de travailler."

____

2. 주어진 동사를 사용하여 〈보기〉처럼 사역구문으로 바꾸시오.

> 〈보기〉 Les invités entrent. (faire)
> → On fait entrer les invités.

1. Louisette vient. (faire)

____

2. Je travaille beaucoup au bureau. (faire)

____

3. Une voiture passe. (laisser)

____

4. Les enfants s'amusent dans la neige. (laisser)

____

3. sentir나 se sentir의 알맞은 형태를 넣으시오.

1. Je __________ un peu faible.

2. Ça __________ bon.

3. Nous __________ le courage de faire cela.

4. La maman __________ son bébé bouger dans son ventre.

4. 주어진 어휘를 사용하여 프랑스어로 옮기시오.

1. 너는 아무것도 재미있는 것을 갖고 있지 않아. (intéressant)

____

2. 누군가 새로운 사람이 있습니까 ? (nouveau)

____

3. 나는 더 좋은 뭔가가 필요합니다. (mieux)

____

프랑스의 만화 더 읽어보기

아스테릭스

프랑스 만화는 1960년대부터 폭넓은 독자층을 형성하며 발전하게 된다. 이 시기 대표적인 작품이 바로 '아스테릭스'(Astérix) 시리즈이다. 1959년 1권 「골족의 영웅, 아스테릭스(Astérix le gaulois)」부터 2009년까지 총 34권의 아스테릭스 시리즈가 출간되었다. 2010년까지 107개국 언어로 번역되어 약 3억 2천만 권의 판매 부수를 기록했으며 4편의 영화로도 만들어졌다.

아스테릭스 시리즈는 로마제국의 침략에 당당히 맞서는 프랑스인의 시조인 골족(les Gaulois)의 좌충우돌 영웅담을 그린 이야기이다. 아스테릭스 시리즈를 통해 민족적 자긍심이 높은 프랑스인의 기질과 성향을 엿볼 수 있다. 또한 만화적인 재미뿐만 아니라 하나의 주제에 대한 풍부한 역사적인 설명과 함께 다양한 문화적 코드를 담고 있어 어린이뿐만 아니라 어른들까지 폭넓은 독자층을 사로잡으며 만화 이상의 인문교양서로서의 가치를 인정받고 있다.

아스테릭스 시리즈에는 골족 사람들, 로마인 등을 포함하여 약 120명의 캐릭터들이 등장한다. 그 중에서도 주요한 캐릭터는 주인공인 아스테릭스(Astérix)와 그의 친구 오벨릭스(Obelix), 오벨릭스의 강아지인 이데픽스(Idéfix), 그리고 드루이드교의 사제인 파노라믹스(Panoramix)라고 할 수 있다.

아스테릭스   오벨릭스   이데픽스   파노라믹스

꼬마 니꼴라

「꼬마 니콜라(Le Petit Nicolas)」는 만화라기보다는 삽화와 글로 이루어진 동화이다. 작가인 르네 고시니(René Goscinny)는 아스테릭스 시리즈의 원작자로도 유명하다. 1956년 삽화가 장 자크 상페(Jean Jacques Sempé)와 작업하게 된 고시니는 「꼬마 니콜라」의 스토리를 만들게 된다. 「꼬마 니콜라」는 1950년대의 프랑스를 배경으로 니콜라가 어린이의 시점으로 겪게 되는 평범하지만 따뜻한 이야기들의 모음이다. 이 책 역시 아동도서로 분류되지만 어른들도 재미있게 즐길 수 있는 책이다. 특히, 상페의 간결하면서도 감성적인 삽화와 함께 프랑스인들의 일상을 엿볼 수 있다는 점에서도 이 책의 가치를 찾을 수 있다.

「꼬마 니콜라」에 등장하는 대표적인 인물들은 주인공인 니콜라(Nicolas)를 비롯하여, 친구인 클로테르(Clotaire), 알세스트(Alceste), 아냥(Agnan), 요아킴(Joachim), 조프루아(Geoffrey), 뤼피르(Rupus), 외드(Eudes) 등이 있다. 2009년에는 영화화되기도 하였는데, 니콜라 역을 캐스팅하는 과정을 우리나라의 슈퍼스타K와 같은 오디션 프로그램으로 제작하여 방영할 정도로 인기가 대단하였다고 한다.

| 니꼴라 | 클로테르 | 알세스트 | 아냥 | 요아킴 | 조르푸아 |

Écologie

- Vacances écologiques

Vous avez entre 21 et 50 ans, vous êtes en pleine forme, vous parlez anglais et vous avez une bonne dose de patience ? Alors vous pouvez, comme moi, partir comme volontaire pour observer des animaux menacés. Moi, je suis parti pour trois semaines à Bornéo étudier les orangs-outangs dans leur milieu naturel. Je suis arrivé à l'aéroport de Luching, puis je suis allé en bus jusqu'au Parc National où se réalise l'étude. Là, le camp est très simple : quelques cabanes en bambou et la rivière toute proche pour se laver. Après un jour d'acclimatation, un autre volontaire et moi sommes entrés dans la jungle avec un guide, à la rencontre des «hommes des bois». Car c'est la signification du mot «orang-outang» dans la langue locale.

Les orangs-outangs se nourrissent surtout de fruits, mais aussi de fleurs, de feuilles, d'insectes, de champignons et de miel. Grandir en tant qu'orang-outang n'est pas facile. Il faut plusieurs années à un jeune animal pour savoir quoi manger et, plus important encore, pour savoir quelles plantes choisir pour se soigner quand il est malade. Je suis donc resté trois semaines sur place à prendre des photos, collecter des plantes dans la jungle et travailler en laboratoire. L'an prochain, je pense participer à un autre projet en Asie. Où ? Peut-être au Cambodge. - Stéphane, 21ans, écovolontaire.

- En Alsace, les pollueurs sont aussi les payeurs.

Il aura fallu attendre de nombreuses années pour que la pollution causée par les entreprises chimiques de Mulhouse, qui avait infesté les eaux de la Dollern, soit condamnée. Des travaux ont été entrepris afin que la nappe phréatique puisse être à nouveau utilisée. 30 millions d'euros ont été versés par deux entreprises, somme qui a permis aux communes de la région de rembourser l'emprunt contracté à l'époque pour lutter contre cette pollution chimique.

- *Faites une promenade dans les arbres*

Un circuit d'accrobranche a été installé au parc Floral de Paris jusqu'au mois d'octobre. Un sport-nature insolite qui offre une vue plongeante et inédite sur le parc. L'accrobranche est un loisir de plein-air en forêt qui consiste à grimper et à se déplacer dans les arbres en toute sécurité. A la fois sportif et écologique, cette discipline permet de profiter d'une vue plongeante sur la nature environnante. C'est à la fin des années 80 que l'accrobranche est apparue en France, avec l'importation de techniques anglo-saxonnes de progression dans les arbres. Le support de ce loisir étant un être vivant, le grimpeur se doit donc de respecter l'arbre sur lequel il grimpe. On veille à n'utiliser que des techniques de cordes qui ne risquent pas de blesser l'arbre.

1. 접속법(subjonctif)(2) : 부사절 que에서 사용.

⇨ **목적 : pour que, afin que, de sorte que, de peur que**

Pour que nous soyons à l'heure, il faut partir tout de suite.

Elle allume le chauffage de peur que les enfants (n')aient froid.

⇨ **양보, 가정 : bien que, à moins que, où que, quoi que, qui que**

Bien qu'il fasse froid, nous nous promenons.

A moins qu'il n'y ait de la pluie, j'irai à la montagne.

⇨ **시간 : avant que, jusqu'à ce que, en attendant que**

Il faut prendre la décision avant qu'il soit trop tard.

Nous resterons jusqu'à ce qu'elle rentre.

cf) Après qu'il a dîné, elle est sortie.

⇨ **조건 : pourvu que, à condition que**

Je lui prête de l'argent à condition qu'il me le rende rapidement.

Pourvu que vous ayez une invitation, il vous laissera rentrer.

2. 의문사 + inf

⇨ **주어 없이 사용되는 비인칭 의문문**

Qui appeler ?

Que dire ?

Comment lui écrire ?

Je ne sais où aller.

Je ne sais pourquoi faire.

Je ne sais que montrer.

Je ne sais comment jouer.

3. C'est ... que/ qui 강조구문

강조 위치에 놓이는 성분이 인칭대명사일 경우는 강세형을 사용한다.

C'est Pierre qui a gagné le premier prix.

C'est en 2010 que j'ai vu ce film.

C'est moi qui ai appelé.

C'est toi qui as laissé tombé un stylo ?

Ce sont eux qui m'ont invité.

C'est elle que je cherche.

Mots et expressions

n'importe qui/comment/quoi/quand/où

On peut parler à n'importe qui.

Tu dis n'importe quoi !

Je peux t'appeler quand ? - N'importe quand.

Exercices

1. 주어진 동사를 적당한 형태로 만들어 넣으시오.

1. Pour qu'ils ______________ d'accord, il faut qu'ils se rencontrent. (se mettre)

2. On attendra jusqu'à ce que vous ______________. (revenir)

3. Bien que ce concert __________ très cher, toutes les places sont vendues. (être)

4. A moins qu'il ne ______________ mauvais, je sortirai. (faire)

5. Il vaut mieux rentrer avant qu'il ______________ ! (pleuvoir)

2. 〈보기〉처럼 질문에 답하시오.

> 〈보기〉 Il a acheté cette maison ?
> → Oui, c'est lui qui a acheté cette maison.

1. <u>Vous</u> avez téléphoné ?

____

2. Ils ont acheté <u>cette voiture</u> ?

____

3. <u>Vous</u> invitez cet ami ?

____

4. Tu mets souvent <u>ce manteau bleu</u> ?

____

3. qui 또는 que를 넣으시오.

1. C'est un spectacle __________ on ne voit nulle part ailleurs dans le monde.

2. C'est une voiture __________ j'ai achetée la semaine dernière.

3. C'est moi __________ lui ai conseillé de voyager en Afrique.

4. C'est à la fin des années 1980 _______________ la grimpe d'arbre est apparue
   en France.

5. 3,6 millions, c'est le nombre des Français _________ travaillent à temps partiel.

4. 적당한 어휘를 넣으시오.

1. Elle ne s'intéresse pas à la mode. Elle s'habille n'importe _______________ .

2. Mon chat est difficile à nourrir. Il ne mange pas n'importe _______________ .

3. J'irai n'importe _______________ pour trouver du soleil !

4. On ne cultive pas le riz sous n'importe _______________ climat.

avoir

부정법	분사법	명령법
현재 : avoir 과거 : avoir eu	현재 : ayant 과거 : eu 복합형 : ayant eu	aie ayons ayez

직설법 / 접속법

현재	복합과거	현재
j'ai tu as il a nous avons vous avez ils ont	j'ai eu tu as eu il a eu nous avons eu vous avez eu ils ont eu	que j'aie que tu aies qu'il ait que nous ayons que nous ayez qu'ils aient

반과거	대과거	반과거
j'avais tu avais il avait nous avions vous aviez ils avaient	j'avais eu tu avais eu il avait eu nous avions eu vous aviez eu ils avaient eu	que j'eusse que tu eusses qu'il eût que nous eussions que nous eussiez qu'ils eussent

단순과거	전과거	과거
j'eus tu eus il eut nous eûmes vous eûtes ils eurent	j'eus eu tu eus eu il eut eu nous eûmes eu vous eûtes eu ils eurent eu	que j'aie eu que tu aies eu qu'il ait eu que nous ayons eu que nous ayez eu qu'ils aient eu

단순미래	전미래	대과거
j'aurai tu auras il aura nous aurons vous aurez ils auront	j'aurai eu tu auras eu il aura eu nous aurons eu vous aurez eu ils auront eu	que j'eusse eu que tu eusses eu qu'il eût eu que nous eussions eu que nous eussiez eu qu'ils eussent eu

조건법

현재	과거
j'aurais tu aurais il aurait nous aurions vous auriez ils auraient	j'aurais eu tu aurais eu il aurait eu nous aurions eu vous auriez eu ils auraient eu

Être

부정법	분사법	명령법
현재 :être 과거 : avoir été	현재 : étant 과거 : été 복합형 : ayant été	sois soyons soyez

직설법 / 접속법

현재	복합과거	현재
je suis tu es il est nous sommes vous êtes ils sont	j'ai été tu as été il a été nous avons été vous avez été ils ont été	que je sois que tu sois qu'il soit que nous soyons que vous soyez qu'ils soient

반과거	대과거	반과거
j'étais tu étais il était nous étions vous étiez ils étaient	j'avais été tu avais été il avait été nous avions été vous aviez été ils avaient été	que je fusse que tu fusses qu'il fût que nous fussions que vous fussiez qu'ils fussent

단순과거	전과거	과거
j'eus tu eus il eut nous eûmes vous eûtes ils eurent	j'eus eu tu eus eu il eut eu nous eûmes eu vous eûtes eu ils eurent eu	que j'aie eu que tu aies eu qu'il ait eu que nous ayons eu que vous ayez eu qu'ils aient eu

단순미래	전미래	대과거
je serai tu seras il sera nous serons vous serez ils seront	j'aurai été tu auras été il aura été nous aurons été vous aurez été ils auront été	que j'eusse été que tu eusses été qu'il eût été que nous eussions été que vous eussiez été qu'ils eussent été

조건법

현재	과거
je serais tu serais il serait nous serions vous seriez ils seraient	j'aurais été tu aurais été il aurait été nous aurions été vous auriez été ils auraient été

동사변화표-2

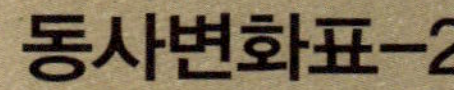

동사원형	직설법				조건법		접속법
현재분사 과거분사	주어	현재	반과거	미래	현재	과거	현재
chanter	je	chante	chantais	chanterai	chanterais	aurais chanté	chante
	tu	chantes	chantais	chanteras	chanterais	aurais chanté	chantes
	il	chante	chantait	chantera	chanterait	aurait chanté	chante
	nous	chantons	chantions	chanterons	chanterions	aurions chanté	chantions
chantant	vous	chantez	chantiez	chanterez	chanteriez	auriez chanté	chantiez
chanté	ils	chantent	chantaient	chanterons	chanteraient	auraient chanté	chantent
sembler	je	semble	semblais	semblerai	semblerais	aurais semblé	semble
	tu	sembles	semblais	sembleras	semblerais	aurais semblé	sembles
	il	semble	semblait	semblera	semblerait	aurait semblé	semble
	nous	semblons	semblions	semblerons	semblerions	aurions semblé	semblions
semblant	vous	semblez	sembliez	semblerez	sembleriez	auriez semblé	sembliez
semblé	ils	semblent	semblaient	sembleront	sembleraient	auraient semblé	semblent
choisir	je	choisis	choisissais	choisirai	choisirais	aurais choisi	choisisse
	tu	choisis	choisissais	choisiras	choisirais	aurais choisi	choisisses
	il	choisit	choisissait	choisira	choisirait	aurait choisi	choisisse
	nous	choisissons	choisissions	choisirons	choisirions	aurions choisi	choisissions
choisissant	vous	choisissez	choisissiez	choisirez	choisiriez	auriez choisi	choisissiez
choisi	ils	choisissent	choisissaient	choisiront	choisiraient	auraient choisi	choisissent

동사원형	직설법			조건법		접속법
현재분사 과거분사	주어	현재	반과거	미래	현재	과거	현재
bâtir	je	bâtis	bâtissais	bâtirai	bâtirais	aurais bâti	bâtisse
	tu	bâtis	bâtissais	bâtiras	bâtirais	aurais bâti	bâtisses
	il	bâtit	bâtissait	bâtira	bâtirait	aurait bâti	bâtisse
bâtissant	nous	bâtissons	bâtissions	bâtirons	bâtirions	aurions bâti	bâtissions
bâti	vous	bâtissez	bâtissiez	bâtirez	bâtiriez	auriez bâti	bâtissiez
	ils	bâtissent	bâtissaient	bâtiront	bâtiraient	auraient bâti	bâtissent
finir	je	finis	finissais	finirai	finirais	aurais fini	finisse
	tu	finis	finissais	finiras	finirais	aurais fini	finisses
	il	finit	finissait	finira	finirait	aurait fini	finisse
finissant	nous	finissons	finissions	finirons	finirions	aurions fini	finissios
fini	vous	finissez	finissiez	finirez	finiriez	auriez fini	finissiez
	ils	finissent	finissaient	finiront	finiraient	auraient fini	finissent
déménager	je	déménage	déménageais	déménagerai	déménagerais	aurais déménagé	déménage
	tu	déménages	déménageais	déménageras	déménagerais	aurais déménagé	déménages
	il	déménage	déménageait	déménagera	déménagerait	aurait déménagé	déménage
déménageant	nous	déménageons	déménagions	déménagerons	déménagerins	aurions déménagé	déménagions
déménagé	vous	déménagez	déménagiez	déménagerez	déménageriez	auriez déménagé	déménagiez
	ils	déménagent	déménageaient	déménageront	déménageraient	auraient déménagé	déménagent
appeler	je	appelle	appelais	appellerai	appellerais	aurais appelé	appelle
	tu	appelles	appelais	appelleras	appellerais	aurais appelé	appelles
	il	appelle	appelait	appellera	appellerait	aurait appelé	appelle
appelant	nous	appelons	appelions	appellerons	appellerions	aurions appelé	appelions
appelé	vous	appelez	appeliez	appellerez	appelleriez	auriez appelé	appeliez
	ils	appellent	appelaient	appelleront	appelleraient	auraient appelé	appellent

동사원형 현재분사 과거분사	주어	직설법 현재	반과거	미래	조건법 현재	과거	접속법 현재
peser pesant pesé	je tu il nous vous ils	pèse pèses pèse pesons pesez pèsent	pesais pesais pesait pesions pesiez pesaient	pèserai pèseras pèsera pèserons pèserez pèseront	pèserais pèserais pèserait pèserions pèseriez pèseraient	aurais pesé aurais pesé aurait pesé aurions pesé auriez pesé auraient pesé	pèse pèses pèse pesions pesiez pèsent
acheter achetant acheté	je tu il nous vous ils	achète achètes achète achetons achetez achètent	achetais achetais achetait achetions achetiez achetaient	achèterai achèteras achètera achèterons achèterez achèteront	achèterais achèterais achèterait achèterions achèteriez achèteraient	aurais acheté aurais acheté aurait acheté aurions acheté auriez acheté auraient acheté	achète achètes achète achetions achetiez achètent
espérer espérant espéré	je tu il nous vous ils	espère espères espère espérons espérez espèrent	espérais espérais espérait espérions espériez espéraient	espérerai espéreras espérera espérerons espérerez espéreront	espérerais espérerais espérerait espérerions espéreriez espéreraient	aurais espéré aurais espéré aurait espéré aurions acheté auriez espéré auraient espéré	espère espères espère espérions espériez espèrent
envoyer envoyant envoyé	je tu il nous vous ils	envoie envoies envoie envoyons envoyez envoient	envoyais envoyais envoyait envoyions envoyiez envoyaient	enverrai enverras enverra enverrons enverrez enverront	enverrais enverrais enverrait enverrions enverriez enverraient	aurais envoyé aurais envoyé aurait envoyé aurions envoyé auriez envoyé auraient envoyé	envoie envoies envoie envoyions envoyiez envoient

동사원형	직설법				조건법		접속법
현재분사 과거분사	주어	현재	반과거	미래	현재	과거	현재
essayer	je	essaie / essaye	essayais	essaierai / essayerai	essaierais / essayerais	aurais essayé	essaie / essaye
	tu	essaies / essayes	essayais	essaieras / essayeras	essaierais / essayerais	aurais essayé	essaies / essayes
	il	essaie / essaye	essayait	essaiera / essayera	essaierait / essayerait	aurait essayé	essaie / essaye
	nous	essayons	essayions	essaierons / essayerons	essaierions / essayerions	aurions essayé	essayions
essayant essayé	vous	essayez	essayiez	essaierez / essayerez	essaieriez / essayeriez	auriez essayé	essayiez
	ils	essaient / essayent	essayaient	essaieront / essayeront	essaieraient / essayeraient	auraient essayé	essaient / essayent
payer	je	paie / paye	payais	paierai / payerai	paierais / payerais	aurais payé	paie / paye
	tu	paies / payes	payais	paieras / payeras	paierais / payerais	aurais payé	paies / payes
	il	paie / paye	payait	paiera / payera	paierait / payerait	aurait payé	paie / paye
	nous	payons	payions	paierons / payerons	paierions / payerions	aurions payé	payions
payant payé	vous	payez	payiez	paierez / payerez	paieriez / payeriez	auriez payé	payiez
	ils	paient / payent	payaient	paieront / payeront	paieraient / payeraient	auraient payé	paient / payent

동사원형	직설법				조건법		접속법
현재분사 과거분사	주어	현재	반과거	미래	현재	과거	현재
aller	je	vais	allais	irai	irais	serais allé	aille
	tu	vas	allais	iras	irais	serais allé	ailles
	il	va	allait	ira	irait	serait allé	aille
allant	nous	allons	allions	irons	irions	serions allés	allions
allé	vous	allez	alliez	irez	iriez	seriez allés	alliez
	ils	vont	allaient	iront	iraient	seraient allés	aillent
dormir	je	dors	dormais	dormirai	dormirais	aurais dormi	dorme
	tu	dors	dormais	dormiras	dormirais	aurais dormi	dormes
	il	dort	dormait	dormira	dormirait	aurait dormi	dorme
dormant	nous	dormons	dormions	dormirons	dormirions	aurions dormi	dormions
dormi	vous	dormez	dormiez	dormirez	dormiriez	auriez dormi	dormiez
	ils	dorment	dormaient	dormiront	dormiraient	auraient dormi	dorment
partir	je	pars	partais	partirai	partirais	serais parti	parte
	tu	pars	partais	partiras	partirais	serais parti	partes
	il	part	partait	partira	partirait	serait parti	parte
partant	nous	partons	partions	partirons	partirions	serions partis	partions
parti	vous	partez	partiez	partirez	partiriez	seriez partis	partiez
	ils	partent	partaient	partiront	partiraient	seraient partis	partent
offrir	je	offre	offrais	offrirai	offrirais	aurais offert	offre
	tu	offres	offrais	offriras	offrirais	aurais offert	offres
	il	offre	offrait	offrira	offrirait	aurait offert	offre
offrant	nous	offrons	offrions	offrirons	offririons	aurions offert	offrions
offert	vous	offrez	offriez	offrirez	offririez	auriez offert	offriez
	ils	offent	offraient	offriront	offriraient	auraient offert	offent

동사원형 현재분사 과거분사	주어	직설법 현재	직설법 반과거	직설법 미래	조건법 현재	조건법 과거	접속법 현재
mourir mourant mort	je	meurs	mourais	mourrai	mourrais	serais mort	meure
	tu	meurs	mourais	mourras	mourrais	serais mort	meures
	il	meurt	mourait	mourra	mourrait	serait mort	meure
	nous	mourons	mourions	mourrons	mourrions	serions morts	mourions
	vous	mourez	mouriez	mourrez	mourriez	seriez morts	mouriez
	ils	meurent	mouraient	mourront	mourraient	seraient morts	meurent
venir venant venu	je	viens	venais	viendrai	viendrais	serais venu	vienne
	tu	viens	venais	viendras	viendrais	serais venu	viennes
	il	vient	venait	viendra	viendrait	serait venu	vienne
	nous	venons	venions	viendrons	viendrions	serions venus	venions
	vous	venez	veniez	viendrez	viendriez	seriez venus	veniez
	ils	viennent	venaient	viendront	viendraient	seraient venus	viennent
pleuvoir pleuvant plu	il	pleut	pleuvait	pleuvra	pleuvrait	aurait plu	pleuve
recevoir recevant reçu	je	reçois	recevais	recevrai	recevrais	aurais reçu	reçoive
	tu	reçois	recevais	recevras	recevrais	aurais reçu	reçoives
	il	reçoit	recevait	recevra	recevrait	aurait reçu	reçoive
	nous	recevons	recevions	recevrons	recevrions	aurions reçu	recevions
	vous	recevez	receviez	recevrez	recevriez	auriez reçu	receviez
	ils	reçoivent	recevaient	recevront	recevraient	auraient reçu	reçoivent

동사원형	직설법				조건법		접속법
현재분사 과거분사	주어	현재	반과거	미래	현재	과거	현재
voir	je	vois	voyais	verrai	verrais	aurais vu	voie
	tu	vois	voyais	verras	verrais	aurais vu	voies
	il	voit	voyait	verra	verrait	aurait vu	voie
voyant	nous	voyons	voyions	verrons	verrions	aurions vu	voyions
vu	vous	voyez	voyiez	verrez	verriez	auriez vu	voyiez
	ils	voient	voyaient	verront	verraient	auraient vu	voient
vouloir	je	veux	voulais	voudrai	voudrais	aurais voulu	veuille
	tu	veux	voulais	voudras	voudrais	aurais voulu	veuilles
	il	veut	voulait	voudra	voudrait	aurait voulu	veuille
voulant	nous	voulons	voulions	voudrons	voudrions	aurions voulu	voulions
voulu	vous	voulez	vouliez	voudrez	voudriez	auriez voulu	vouliez
	ils	veulent	voulaient	voudront	voudraient	auraient voulu	veuillent
savoir	je	sais	savais	saurai	saurais	aurais su	sache
	tu	sais	savais	sauras	saurais	aurais su	saches
	il	sait	savait	saura	saurait	aurait su	sache
sachant	nous	savons	savions	saurons	saurions	aurions su	sachions
su	vous	savez	saviez	saurez	sauriez	auriez su	sachiez
	ils	savent	savaient	sauront	sauraient	auraient su	sachent
pouvoir	je	peux	pouvais	pourrai	pourrais	aurais pu	puisse
	tu	peux	pouvais	pourras	pourrais	aurais pu	puisses
	il	peut	pouvait	pourra	pourrait	aurait pu	puisse
pouvant	nous	pouvons	pouvions	pourrons	pourrions	aurions pu	puissions
pu	vous	pouvez	pouviez	pourrez	pourriez	auriez pu	puissiez
	ils	peuvent	peuvaient	pourront	pourraient	auraient pu	puissent

동사원형 현재분사 과거분사	주어	직설법 현재	직설법 반과거	직설법 미래	조건법 현재	조건법 과거	접속법 현재
dire disant dit	je	dis	disais	dirai	dirais	aurais dit	dise
	tu	dis	disais	diras	dirais	aurais dit	dises
	il	dit	disait	dira	dirait	aurait dit	dise
	nous	disons	disions	dirons	dirions	aurions dit	disions
	vous	dites	disiez	direz	diriez	auriez dit	disiez
	ils	disent	disaient	diront	diraient	auraient dit	disent
écrire écrivant écrit	je	écris	écrivais	écrirai	écrirais	aurais écrit	écrive
	tu	écris	écrivais	écriras	écrirais	aurais écrit	écrives
	il	écrit	écrivait	écrira	écrirait	aurait écrit	écrive
	nous	écrivons	écrivions	écrirons	écririons	aurions écrit	écrivions
	vous	écrivez	écriviez	écrirez	écririez	auriez écrit	écriviez
	ils	écrivent	écrivaient	écriront	écriraient	auraient écrit	écrivent
entendre entendant entendu	je	entends	entendais	entendrai	entendrais	aurais entendu	entende
	tu	entends	entendais	entendras	entendrais	aurais entendu	entendes
	il	entend	entendait	entendra	entendrait	aurait entendu	entende
	nous	entendons	entendions	entendrons	entendrions	aurions entendu	entendions
	vous	entendez	entendiez	entendrez	entendriez	auriez entendu	entendiez
	ils	entendent	entendaient	entendront	entendrent	auraient entendu	entendent
lire lisant lu	je	lis	lisais	lirai	lirais	aurais lu	lise
	tu	lis	lisais	liras	lirais	aurais lu	lises
	il	lit	lisait	lira	lirait	aurait lu	lise
	nous	lisons	lisions	lirons	lirions	aurions lu	lisions
	vous	lisez	lisiez	lirez	liriez	auriez lu	lisiez
	ils	lisent	lisaient	liront	liraient	auraient lu	lisent

동사원형	직설법				조건법		접속법
현재분사 과거분사	주어	현재	반과거	미래	현재	과거	현재
croire	je	crois	croyais	croirai	croirais	aurais cru	croie
	tu	crois	croyais	croiras	croirais	aurais cru	croies
	il	croit	croyait	croira	croirait	aurait cru	croie
croyant	nous	croyons	croyions	croirons	croirions	aurions cru	croyions
cru	vous	croyez	croyiez	croirez	croiriez	auriez cru	croyiez
	ils	croient	croyaient	croiront	croiraient	auraient cru	croient
joindre	je	joins	joignais	joindrai	joindrais	aurais joint	joigne
	tu	joins	joignais	joindras	joindrais	aurais joint	joignes
	il	joint	joignait	joindra	joindrait	aurait joint	joigne
joignant	nous	joignons	joignions	joindrons	joindrions	aurions joint	joignions
joint	vous	joignez	joigniez	joindrez	joindriez	auriez joint	joigniez
	ils	joignent	joignaient	joindront	joindraient	auraient joint	joignent
boire	je	bois	buvais	boirai	boirais	aurais bu	boive
	tu	bois	buvais	boiras	boirais	aurais bu	boives
	il	boit	buvait	boira	boirait	aurait bu	boive
buvant	nous	buvons	buvions	boirons	boirions	aurions bu	buvions
bu	vous	buvez	buviez	boirez	boiriez	auriez bu	buviez
	ils	boivent	buvaient	boiront	boiraient	auraient bu	boivent
mettre	je	mets	mettais	mettrai	mettrais	aurais mis	mette
	tu	mets	mettais	mettras	mettrais	aurais mis	mettes
	il	met	mettait	mettra	mettrait	aurait lmis	mette
mettant	nous	mettons	mettions	mettrons	mettrions	aurions mis	mettions
mis	vous	mettez	mettiez	mettrez	mettriez	auriez mis	mettiez
	ils	mettent	mettaient	mettront	mettraient	auraient mis	mettent

동사원형	직설법				조건법		접속법
현재분사 과거분사	주어	현재	반과거	미래	현재	과거	현재
paraître	je	parais	paraissais	paraîtrai	paraîtrais	aurais paru	paraisse
	tu	parais	paraissais	paraîtras	paraîtrais	aurais paru	paraisses
	il	paraît	paraissait	paraîtra	paraîtrait	aurait paru	paraisse
	nous	paraissons	paraissions	paraîtrons	paraîtrions	aurions paru	paraissions
paraissant	vous	paraissez	paraissiez	paraîtrez	paraîtriez	auriez paru	paraissiez
paru	ils	paraissent	paraissaient	paraîtront	paraîtraient	auraient paru	paraissent
comprendre	je	comprends	comprenais	comprendrai	comprendrais	aurais compris	comprenne
	tu	comprends	comprenais	comprendras	comprendrais	aurais compris	comprennes
	il	comprend	comprenait	comprendra	comprendrait	aurait compris	comprenne
	nous	comprenons	comprenions	comprendrons	comprendrions	aurions compris	comprenions
comprenant	vous	comprenez	compreniez	comprendrez	comprendriez	auriez compris	compreiez
compris	ils	comprennent	comprenaient	comprendront	comprendraient	auraient compris	comprennent
faire	je	fais	faisais	ferai	ferais	aurais fait	fasse
	tu	fais	faisais	feras	ferais	aurais fait	fasses
	il	fait	faisait	fera	ferait	aurait fait	fasse
	nous	faisons	faisions	ferons	ferions	aurions fait	fassions
faisant	vous	faites	faisiez	ferez	feriez	auriez fait	fasseiez
fait	ils	font	faisaient	feront	feraient	auraient fait	fassent

Invitation au français
기초 프랑스어

초판 1쇄 발행 2013년 2월 20일
초판 3쇄 발행 2018년 2월 22일

지 은 이   성균관대학교 프랑스어문학과
펴 낸 이   정규상

책 임 편 집   구남희
편   집   현상철·신철호
외주디자인   춤추는 고양이
마 케 팅   박정수·김지현

펴 낸 곳   성균관대학교 출판부
등   록   1975년 5월 21일 제 1975-9호
주   소   110-745 서울특별시 종로구 성균관로 25-2
대 표 전 화   02) 760-1252~4
팩 시 밀 리   02) 762-7452
홈 페 이 지   press.skku.edu

ISBN 978-89-7986-977-4 13760
잘못된 책은 구입한 곳에서 교환해 드립니다.